दोहों की चौपाल

(दोहा-संकलन)

दोहों की चौपाल

संपादक

कृष्ण कुमार 'नाज़'

सहयोग

दीक्षित दनकौरी

वाणी प्रकाशन

वाणी प्रकाशन
ज्ञान के विविध आयामों के प्रकाशक
'लोगो' वाणी प्रकाशन : मक़बूल फ़िदा हुसेन
वाणी प्रकाशन, 4695, 21-ए, दरियागंज, नयी दिल्ली-110002
वाणी प्रकाशन, अशोक राजपथ (पटना कॉलेज के सामने), पटना (बिहार)

DOHON KI CHAUPAAL

Edited by Krishna Kumar 'Naaz

Poetry

ISBN : 978-93-5000-224-7

प्रथम संस्करण

मूल्य : 395/-

वाणी प्रकाशन

फोन : 0091#11#23273167, 23275710
फैक्स : 0091#11#23275710
वेबसाइट : www.vaniprakashan.in
ई-मेल : vaniprakashan@gmail.com

आर.टेक ऑफसेट प्रिंटर्स द्वारा दिल्ली-110095 में मुद्रित

प्रेम और सद्भाव की, ऐसी कहाँ मिसाल।
लगी हुई है देखिए, दोहों की चौपाल॥

– कृष्ण कुमार 'नाज़'

संपादकीय

वर्ष 2007 की अंतिम वेला में दिल्ली निवासी प्रख्यात ग़ज़लकार और मेरे बहुत प्रिय मित्र श्री दीक्षित दनकौरी का फ़ोन आया, बोले– 'नाज़साहब, वाणी प्रकाशन ने दोहा-संग्रह तैयार करने का अनुरोध किया है। मैं चाहता हूँ इसकी ज़िम्मेदारी आप सँभाल लें।'

दीक्षित जी का फ़ोन मुझे अनोखे आनंद से मालामाल कर गया, क्योंकि अब तक मैंने ग़ज़ल और गीत की पुस्तकों का तो संपादन किया था, लेकिन दोहों की किसी पुस्तक का नहीं। फिर दोहा तो आज इतनी लोकप्रिय विधा है कि उर्दू के रचनाकार भी दोहा-लेखन में बढ़-चढ़कर भाग ले रहे हैं। कई उर्दू रचनाकारों ने तो इतने सुंदर दोहे लिखे हैं कि ईर्ष्या होने लगती है यह सोचकर कि इतना अच्छा ख़याल मेरे ज़ह्न में क्यों नहीं आया। यह अलग बात है कि उर्दू रचनाकारों के यहाँ अधिसंख्य दोहों में मात्रिक दोष मिलता है। कुछ भी हो, आज दोहा उनके यहाँ उसी गति से दौड़ रहा है, जिस गति से हिंदी-ग़ज़ल उच्छृंखलता के साथ छलाँगें भर रही है।

मैंने बग़ैर अधिक समय गँवाये देश के प्रमुख दोहाकारों को पत्र लिखकर 25-25 दोहे, संक्षिप्त परिचय और चित्र भेजने का अनुरोध किया। जहाँ-जहाँ मेरा पत्र पहुँचा, उनमें अधिसंख्य रचनाकारों ने वांछित सामग्री प्रेषित कर मेरा सहयोग किया। धीरे-धीरे मैं पुस्तक की कंपोज़िंग भी कराता रहा।

चूँकि रचनाकारों से दोहे आए हुए एक वर्ष से अधिक का समय व्यतीत हो चुका था, इसलिए पुस्तक की स्थिति को जानने के लिए कई रचनाकारों के मुझ पर फ़ोन भी आए और मैं उन्हें सांत्वना देता रहा। यद्यपि दोहों के चयन और प्रूफ़रीडिंग में काफ़ी सतर्कता बरती गई है, छंद की दृष्टि से कुछ मित्रों के दोहों में आंशिक संशोधन भी करना पड़ा, फिर भी यदि कोई त्रुटि रह जाती है, तो इसके लिए मैं अपने सभी

वरिष्ठ साहित्यकारों के समक्ष क्षमाप्रार्थी हूँ। आपके विश्वास और आत्मीयता से मुझे जो प्रोत्साहन मिला है, वह मेरे लिए अविस्मरणीय भी है और अनुकरणीय भी और प्रेरणाप्रद भी। मैं अपने उन रचनाकार साथियों से भी क्षमा चाहता हूँ, जिनको पुस्तक में छंद की अत्यधिक त्रुटियों के चलते स्थान नहीं मिल सका।

हाँ, मैं यहाँ एक निवेदन भी करना चाहता हूँ कि दोहा-संग्रह रूपी इस गुलदस्ते में सभी प्रकार के फूल हैं और सभी का अपना-अपना रंग है, अपनी-अपनी खुशबू और पहचान है। मेरे लिए सभी सम्मानित और आदरेय हैं। मेरा उद्देश्य न तो किसी को विशेष रूप से सम्मानित करना है और न ही किसी की पगड़ी उछालना है। बस, यही सोचकर मैंने सभी रचनाकारों को वर्णानुक्रम के आधार पर पुस्तक में स्थान दिया है।

अंत में मैं दोहा-संग्रह में सम्मिलित सभी रचनाकारों का हृदय से आभारी हूँ, जिन्होंने मुझे असीम प्यार दिया। साथ ही विशेष आभार रीतिकाल के मर्मज्ञ और प्रख्यात विद्वान श्रद्धेय डा. रामानन्द शर्मा जी का, जिन्होंने मेरे एक ही निवेदन पर अपनी व्यस्तताओं को मेरे हवाले कर दिया और दोहों के स्वरूप और विकास के सम्बन्ध में उत्कृष्ट लेख लिखकर मुझको दिया। और, आदरणीय भाई दीक्षित दनकौरी जी, उनके लिए तो मैं सिर्फ़ इतना कहूँगा कि उनके आत्मीय सहयोग और सद्प्रयासों का ही परिणाम है यह पुस्तक।

– कृष्ण कुमार 'नाज़'

अनुक्रम

दोहा : स्वरूप और विकास

– साहित्यवारिधि डा. रामानन्द शर्मा

एम.ए. (हिन्दी, संस्कृत), पी-एच.डी., डी.लिट्, (लब्ध-स्वर्णपदक), एसोसिएट प्रोफेसर एवं अध्यक्ष हिन्दी विभाग, हिन्दू कालेज, मुरादाबाद।
रीतिकाल के प्रख्यात विद्वान, 25 पुस्तकों के रचयिता एवं उ.प्र. संस्कृत संस्थान लखनऊ द्वारा दो बार- 11000 एवं 5000 रुपये से पुरस्कृत। दिसम्बर 2007 में साहित्य कला मंच द्वारा 5000/- तथा साहित्य चूड़ामणि की उपाधि से अलंकृत। 'शृंगारसरोज' (रीतिकालीन छन्दों का सटीक संस्करण) कारल्टन विश्वविद्यालय ओटावा (कनाडा) के भारतीय अध्ययन विभाग के पाठ्यक्रम में निर्धारित। पर्यवेक्षण में 42 शोधार्थियों द्वारा शोधकार्य सम्पन्न।

संस्कृत-काव्य में अनुष्टुप् और प्राकृत-काव्य में गाथा का जो महत्त्व है, अपभ्रंश और हिन्दी-काव्य में वही स्थान दोहा छन्द का है। 'दोहा' शब्द की व्युत्पत्ति 'द्विपथ', 'द्विपथक', 'दोग्धक' आदि शब्दों से मानी गयी है, लेकिन प्रतीत यही होता है कि यह छन्द लोकभाषा में पहले प्रचलित हुआ था और काव्य ने उसे बाद में ग्रहण किया, फलतः व्युत्पत्ति के प्रयास भी आयासित और कृत्रिम ही परिलक्षित होते हैं।

स्वरूप :

दोहा अर्धसम मात्रिक छन्द है। इसके विषम चरणों में 13-13 मात्राएँ होती हैं और सम चरणों में 11-11 मात्राएँ। इस छन्द में प्रथम एवं द्वितीय चरण मिलकर प्रथम पंक्ति बनाते हैं, जिसे प्रथम दल कहा जाता है और तृतीय एवं चतुर्थ चरण मिलकर दूसरी पंक्ति और द्वितीय दल का निर्माण करते हैं। इस छन्द के सम चरणों की तुक मिलती है, फलतः इन चरणों के अन्त में गुरु-लघु आना आवश्यक है। दोहा छन्द का प्राचीनतम लक्षण प्राकृत-अपभ्रंश के छन्दःशास्त्रीय ग्रन्थ 'प्राकृतपैंगलम्' में मिलता है जो इस प्रकार है-

तेरह मत्ता पठम पहु, पुणु एग्गारह देह।
पुणु तेरह एग्गारही, दोहा लक्खण एह॥

– प्राकृतपैंगलम्, 1/78

आज भी दोहे का लगभग यही लक्षण मान्य है, केवल इतना जोड़ा गया है कि द्वितीय एवं चतुर्थ चरण के अन्त में गुरु-लघु आते हैं। महाकवि देव का यह लक्षण इसी तथ्य की पुष्टि करता है-

ग्यारह सम तेरह विषम, कल गल दुहूँ दलंत।
सो दोहा, उलटो जो सो, कहत सोरठा संत॥

– शब्दरसायन, पृ. 217

दोहे के स्वरूपविवेचन के सन्दर्भ में प्रख्यात आचार्यकवि भिखारीदास ने कुछ पारम्परिक तथ्यों को वाणी दी है। उनका वक्तव्य दर्शनीय है-

प्रथम-तीसरे चरण में, जगन जोहिये जासु।
सो दोहा चंडालिनी, बोलै बिबिध बिनासु॥
बारह लघु, बाईस लघु, बत्तिस लों लघु मानि।
चारि बरन दोहा कही, बाकी लघु लों जानि॥

– छन्दार्णव, 7/4-5

दास जी ने यहाँ दो तथ्यों को वाणी दी है- प्रथम, जिस दोहे के विषम चरणों में जगण (।ऽ।) आये, वह चण्डालिनी कहा जाता है जो कवि के लिए नानाविध विनाश का कारण बनता है। द्वितीय, जिस दोहे में 12 तक लघु हों, वह ब्राह्मण कहलाता है। 22 तक लघु वाला क्षत्रिय, 32 तक लघु वाला वैश्य और इससे अधिक लघु वाला दोहा शूद्र कहलाता है। इससे यहाँ स्पष्ट होता है कि दोहे के विषम चरणों में जगण नहीं होना चाहिए तथा अधिकाधिक गुरु वाला दोहा श्रेष्ठ होता है।

आधुनिक काल में दोहा के स्वरूप के विषय में खोजबीन करने का श्रेय पण्डित जगन्नाथप्रसाद 'भानु' और जगन्नाथदास 'रत्नाकर' को है। 'भानु' जी का लक्षण प्रस्तुत है-

जान विषम राखैं 'सरन', अंत सु सम ह्वै 'जात'।
संकट तेरो शिव हरैं, सुनि दोहा अवदात॥

– छन्द:प्रभाकर, पृ. 82

इसका संक्षेप में अर्थ यह है- विषम चरण के प्रारम्भ में जगण न रहकर 13 मात्राएँ हों और अन्त में 'सरन' (सगण, रगण, नगण) हो तथा सम चरणों में 11 मात्राएँ इस प्रकार हों कि अन्त में जगण (।ऽ।) अथवा तगण (ऽऽ।) हो। उनकी मान्यता है कि विषम चरणों में भी 3+3+2+3+2 अथवा 4+4+3+2 इस प्रकार मात्राएँ हों। 'भानु' जी ने इस परिभाषा में वर्णिक गणों का अनावश्यक उल्लेख किया है। दोहा के सम चरणों के अन्त में गुरु-लघु का होना सर्वमान्य है। उसे 'जात' से व्यक्त करना विषय को उलझाना मात्र है।

बाबू जगन्नाथदास 'रत्नाकर' ने भी दोहा की मात्राओं के विषय में पर्याप्त खोजबीन की है। वे काव्यमर्मज्ञ ही नहीं, स्वयं भी ब्रजभाषा के समर्थ कवि हैं। उन्होंने दोहे की मात्राओं के विषय में निम्न विधान रखा है-

आठ तीन द्वै एक पद, दूजे पद वसु ताल।
वसु में त्रय पर द्वै न गुरु, यह दोहा की चाल॥

– कविवर बिहारी, पृ. 13

इस दोहे की व्याख्या करते हुए 'रत्नाकर' जी कहते हैं- "ऊपर दोहे में जो लक्षण कहा गया है, वह मात्राओं की संख्या तथा उनकी लघु-गुरु की स्थिति के विषय में है। विषम और सम चरणों में जो 13 और 11 मात्राएँ इकट्ठी न कहकर 8, 3, 2 तथा 8 ताल (ऽ।) कहा गया है, उसका अभिप्राय यह है कि 8, 3 इत्यादि संख्याओं पर मात्राएँ अलग हो जानी चाहिएँ, अर्थात् 8वीं 9वीं से अथवा 11वीं 12वीं से मिलकर गुरु न हो जाये। पर 8, 3 इत्यादि पर शब्दों का भी पृथक् हो जाना आवश्यक नहीं है, जैसे 'मेरी भवबाधा हरौ' में 'बा' और 'ह' पर 8 तथा 8 के पश्चात् 3 मात्राएँ तो पूरी हो गयीं, पर शब्द पूरे नहीं हुए।" आगे वे दोहे की पदयोजना के विषय में नया नियम भी प्रस्तुत करते हैं-

चरन आदि कल चारि पर, पद न जगन को होइ।
सर निधि पर पूरन न पद, जिहिं दोहा सुभ होइ॥

– कविवर बिहारी, पृ. 15

इसकी व्याख्या करते हुए 'रत्नाकर' जी कहते हैं- "इस दोहे का यह अर्थ होता है कि जिसमें प्रत्येक चरण के आदि से चार मात्राओं के पश्चात् जगणात्मक (।ऽ।) पद न हो तथा आदि से पाँचवीं तथा नवीं मात्रा पर कोई पद पूर्ण न हो, वह दोहा शुभ अर्थात् अच्छी लय वाला होता है।"

दोहा-भेद :

दोहा के भेदों के विषय में छन्दःशास्त्रीय ग्रन्थों में विस्तार से विचार किया गया है। इसके भेदों का आधार दोहे में उपलब्ध गुरु-लघु संख्या को बनाया गया है। कुल दोहे में 13+11+13+11=48 मात्राएँ होती हैं। दोहे के सम चरणों में अन्त में लघु आना आवश्यक है और विषम चरणों में भी 13-13 मात्राओं का विधान होने के कारण उनमें भी एक-एक लघु आना आवश्यक है। इस प्रकार दोहे के प्रत्येक चरण में कम से कम एक-एक लघु आना आवश्यक है, इसलिए उसमें अधिकतम गुरुओं की संख्या 48-4=44, अर्थात् 22 गुरु ही हो सकती है। अब इनमें एक-एक गुरु कम होता जाता है और दो-दो लघु बढ़ते जाते हैं तथा दोहे के विभिन्न भेद बनते जाते हैं। रीतिकालीन आचार्यकवि सोमनाथ ने इसे इन शब्दों में वाणी दी है-

1 2 3 4 5

भ्रमर और भ्रामर सरभ, सेनक मंडुक नाम।

6 7 8 9

मरकट करभ स-नरु समुझि, पुनि मराल सुखधाम॥

10 11 12 13

मदकल और पयोधरौ, बल वानर पहिचानि।

14 15 16

त्रिकल और कच्छहिँ बरनि, पुनि मच्छहिँ चित जानि॥

17 18 19 20

सारदूल अहिवर बहुरि, बाघ बिडालहिँ पेखि।

21 22 23

सुनक उंदेरौं सर्प पुनि, तेइस नाम सुलेखि॥

दोहों का जातिप्रदर्शक चक्र

क्र. सं.	दोहे के प्रकारों के नाम		सर्व वर्ण संख्या	गुरु संख्या	लघु संख्या
	प्राकृत पिंगलानुसार	गण प्रस्तार प्रकाशानुसार			
1.	भ्रमर	हंस	26	22	04
2.	भ्रामर	मयूर	27	21	06
3.	शरभ	पिक	28	20	08
4.	श्येन	कीर	29	19	10
5.	मंडूक	कलहंस	30	18	12
6.	मर्कट	कपोत	31	17	14
7.	करभ	चातक	32	16	16
8.	नर	चक्रवाक	33	15	18
9.	मराल	चकोर	34	14	20
10.	मदकल	गरुड़	35	13	22
11.	पयोधर	गिद्ध	36	12	24
12.	चल	राजहंस	37	11	26
13.	बानर (बारण)	कलकंठ	38	10	28
14.	त्रिकल	चटक	39	09	30
15.	कच्छ	श्येन	40	08	32
16.	मच्छ	क्रौंच	41	07	34
17.	शार्दूल	लवा	42	06	36
18.	अहिबर	टिट्टभ	43	05	38
19.	व्याघ्र	रायमुनी	44	04	40
20.	बिडाल	हारिल	45	03	42
21.	श्वान	खंजन	46	02	44

अक्षर छब्बिस भ्रमर सो, बाइस लघु गुरु बेद।
इक गुरु घटि द्वै लघु बढ़ैं, सो सो नाम निवेद।।

– रसपीयूषनिधि, 4/3-6

दोहे के इन 23 भेदों का विस्तृत परिचय न देकर कविवर जगन्नाथदास 'रत्नाकर' द्वारा निर्मित रेखाचित्र दे देना ही पर्याप्त है, जिससे समस्त स्थिति स्वयं ही स्पष्ट हो जाती है। इस प्रकार दोहे के 23 भेद इस प्रकार हैं- 1. भ्रमर, 2. भ्रामर, 3. शरभ, 4. श्येनक, 5. मुण्डक, 6. मर्कट, 7. करभ, 8. नर, 9. मराल, 10. मदकल, 11. पयोधर, 12. बल, 13. बानर, 14. त्रिकल, 15. कच्छप, 16. मत्स्य (मच्छ), 17. शार्दूल, 18. अहिवर, 19. व्याघ्र, 20. बिडाल, 21. श्वान, 22. उदर, और 23. सर्प। ध्यातव्य है कि दोहे के समचरणों के अन्त में गुरु-लघु आना आवश्यक है। जब द्वितीय एवं चतुर्थ चरण में एक-एक गुरु होगा अर्थात् कुल दो गुरु होंगे तो एक गुरु और सर्व लघु वाले भेद- उदर और सर्प कैसे बन सकेंगे? कदाचित् यही कारण है कि 'रत्नाकर' जी ने अपनी सारिणी में इन भेदों को स्थान नहीं दिया है। पण्डित जगन्नाथप्रसाद 'भानु' ने उदाहरण तो दिये हैं, लेकिन अन्त में यह स्पष्ट लिख दिया है-

"22वें और 23वें भेद केवल प्राचीन परिपाटी की मर्यादा के आदर से उदाहरणार्थ लिखे हैं। ऐसे दोहे बहुत कम पाये जाते हैं। इनके बनाने में मेरी सम्मति नहीं है। अन्त में शब्द अयन, नयन, भयन, सयन ऐसे पढ़े जाते हैं जैसे- ऐन, नैन, भैन और सैन। यदि ऐसे ही लिखे भी जायें तो दोहे के लिए अनुचित नहीं हैं।"

– जगन्नाथप्रसाद 'भानु' : छन्द:प्रभाकर, पृ. 87

वस्तुत: दोहे के समचरणों के अन्त में गुरु-लघु का होना आवश्यक ही नहीं, अनिवार्य है और जब उदर और सर्प पर यह लक्षण ही घटित नहीं होता, तो वे दोहा ही नहीं हैं। शास्त्रीय मर्यादा को शास्त्रीय सीमा के अन्तर्गत ही रखा जा सकता है। मैं कविवर 'रत्नाकर' जी का ही समर्थक हूँ कि दोहे के 21 भेद ही मान्य होने चाहिएँ, 23 नहीं।

काव्य में प्रयोग :

दोहा अत्यन्त प्राचीन छन्द है। इसका प्राचीनतम प्रयोग कालिदास रचित 'विक्रमोर्वशीय' नाटक में प्राप्त होता है-

मइँ जाणिअँ मिअलोअणी, णिसअरु कोइ हरेइ।
जावणु णव तलिसामल, धाराहरु वरसेइ।। 4/8

(मैंने समझा कि मेरी मृगलोचनी प्रिया उर्वशी को कोई निशाचर हरकर ले जा रहा है, लेकिन यहाँ तो नवीन विद्युच्छटा से सम्पन्न काला बादल पानी बरसा रहा है।) विद्वानों की धारणा है कि यह छन्द कालिदास रचित भी हो सकता है और प्रक्षिप्त भी, लेकिन प्रक्षिप्त होने पर भी यह सातवीं-आठवीं शताब्दी से परवर्ती कदापि नहीं हो सकता। विक्रम की नवीं शताब्दी में दोहा छन्द में स्फुट रचना होने लगी थी। दसवीं शताब्दी में तो पुराणकालिक अनुष्टुप् छन्द की तरह इसकी प्रधानता परिलक्षित होने लगती है। सिद्धों का समय विवादास्पद है, लेकिन सरहपा आदि ने दोहा छन्द का काफ़ी प्रयोग किया है। देवसेन (संवत् 990) ने 'श्रावकाचार' नामक पुस्तक की रचना दोहों में की, महेश्वर ने 'संयममंजरी' में 35 दोहे लिखे और जोइन्दु ने 'परमात्मप्रकाश' में 350 दोहे। मुनि रामसिंह का 'पाहुड़दोहा' भी दोहों में ही रचित है। स्पष्टतः दशवीं शताब्दी तक दोहों में ग्रन्थरचना होने लगी थी। यहाँ इस काल के कुछ दोहे उदाहरणस्वरूप प्रस्तुत हैं-

1. **अक्खर बाढ़ा सअल जगु, णाहि निरक्खर कोइ।**
   ताव से अक्खर घोलिआ, जाव णिरक्खर होइ।।

– सरहपा

2. **जो जिण सासण भाषियउ, सो मई कहियउ सारु।**
   जो पालइ सइ भाउ करि, सो तरि पावइ पारु।।

– देवसेन

3. **देउल देउ वि सत्थु गुरु, तित्थ वि वेउ वि कव्वु।**
वच्छु जु दीसै कुसुमियउ, इंधणु होसइ सव्वु॥

– जोइन्दु

4. **बहुयइँ पढियइँ मूढ़ परु, तालू सूकइ जेण।**
एक्कु जि अक्खर तं पढहु, सिवपुरि गम्मइ जेण॥

– रामसिंह

स्पष्टतः सिद्धनाथों ने ही नहीं, जैनों और बौद्धों ने भी दोहा छन्द में रचना की। इनकी भाषा पर अपभ्रंश का व्यापक प्रभाव है, लेकिन छन्दप्रयोग तो पूर्णतः निर्विवाद है।

बारहवीं शताब्दी के अन्त में आचार्य हेमचन्द्र (संवत् 1145-1229) ने 'सिद्धहेमशब्दानुशासन' की रचना की। आचार्य बलदेव उपाध्याय ने इसका रचनाकाल संवत् 1196 माना है। आठ अध्यायों में विभक्त इस व्याकरणग्रन्थ के अन्तिम अध्याय में तीन पादों में प्राकृत और चतुर्थ पाद में अपभ्रंश-व्याकरण कहा गया है और अपभ्रंश के सन्दर्भ में अनेक दोहे उद्धृत हैं जो निश्चय ही इनसे पूर्ववर्ती हैं। यहाँ दो छन्द उद्धृत हैं-

अंगहि अंगु न मिलिउ हलि, अहरें अहरु न पत्तु।
पिअ जोअंतिहे मुह-कमलु, एम्बइ सुरउ समत्तु॥
गयउ सु केसरि पिअहु जलु, निच्चिंतइं हरिआइँ।
जसु केरएँ हुंकारउएँ, मुहहुँ पडंति तृणाइँ॥

उनका सर्वाधिक ख्यात दोहा, जिसकी प्राचीन हिन्दी-काव्य में विशद चर्चा रही, इस प्रकार है-

भल्ला हुआ जु मारिया, बहिणि महारा कंतु।
लज्जेजं तु वयसिअहु, जइ भग्गा घर अंतु॥

हिन्दी में प्रारम्भ से ही दोहा छन्द का निरन्तर प्रयोग मिलता है। नाथपंथियों के अनुकरण पर कबीर ने भी साखियों के लिए इसे

अपनाया, तो जायसी और तुलसीदास ने पद्धड़ियाबद्ध कड़वक शैली के अनुकरण पर चौपाइयों के साथ इसका प्रयोग किया। गोस्वामी जी ने नीति और भक्ति के छन्द भी दोहे में लिखे हैं। प्रेमाख्यानक परम्परा में चौपाई और दोहे का प्रयोग ही निरन्तर चला है। इस प्रकार भक्तिकाल में दोहा छन्द का प्रचुर प्रयोग हुआ। यह पृथक् बात है कि कबीर और जायसी के दोहे शास्त्रीय दृष्टि से सर्वत्र निर्दोष नहीं रहे हैं। इसका कारण यह है कि इन कवियों ने इस छन्द को नाथपन्थियों से ग्रहण किया है, छन्द:शास्त्र से नहीं। इसके बाद भी उनके दोहे अधिकांशत: शुद्ध हैं। इस छन्द के प्रयोग में सर्वाधिक सफलता तुलसीदास को ही मिली है। यहाँ दो दोहे उद्धृत हैं-

उदित उदय गिरि-मंच पर, रघुवर बाल पतंग।
बिकसे संत-सरोज सब, हरषे लोचन-भ्रंग॥
सजल नयन तन पुलक निज, इष्टदेव पहिचानि।
परेउ दंड जिमि धरनितल, दसा न जाइ बखानि॥

दोहा को व्यापक स्वीकृति और अमित लोकप्रियता दिलाने में रीतिकाल का महत्त्वपूर्ण स्थान है। एक ओर 'गाथासप्तशती' के अनुकरण पर श्रृंगारिक सतसई लिखने वाले बिहारी, मतिराम, विक्रम, पृथ्वीसिंह 'रसनिधि' आदि ने दोहा छन्द का प्रयोग किया, तो दूसरी ओर रहीम, वृन्द, सम्मन आदि नीतिकारों ने इस छन्द को कण्ठ लगाया। साथ ही रीतिबद्ध कवियों ने लक्षण देने के लिए तो इस छन्द का प्रयोग किया ही, साथ ही कहीं-कहीं लक्ष्य देने में भी इसका ही प्रयोग किया। इस काल में सैयद गुलाम नबी 'रसलीन' जैसे कवि भी हैं जो रसरीतिपरक रचना 'रसप्रबोध' ही नहीं, नखशिखविषयक कृति 'अंगदर्पण' को भी एकमात्र छन्द दोहा में ही पूर्ण करते हैं। रीतिकाल में ऐसे दोहे भी हैं जिनके रचयिता का पता नहीं है, लेकिन अपनी भावमाधुरी के कारण वे शिक्षित ही नहीं, अशिक्षित रसिकों के भी कण्ठहार बने हुए हैं।

उदाहरणार्थ-

अमिय हलाहल मद भरे, स्वेत स्याम रतनार।
जियत मरत झुकि-झुकि परत, जेहि चितवत इक बार।।
हँसिकै कबहु न कुच गहे, रिसकै गहे न केस।
ऐसेहि कंता घर रहे, ऐसेहि रहे बिदेस।।

आधुनिक काल में काव्य का बहुमुखी विकास भले ही हुआ हो और पुरातन छन्द हाशिये पर भले ही आ गये हों, लेकिन दोहा विस्मृत नहीं किया जा सका। मुक्तककारों में आज भी दोहा अपना सम्मान बनाये हुए है। इसके रचयिता और सहृदय पाठक आज भी विद्यमान हैं।

सार रूप में यही कहा जा सकता है कि वीरगाथाओं में प्रयुक्त छप्पय, त्रिभंगी आदि सुदीर्घ छन्द भले ही अन्तर्धान हो गये हों, भक्तकवियों की पदशैली भले ही युगबाह्य हो गयी हो, रीतिकाल के दुलारे कवित्त-सवैया भले ही पुरातन पड़ गये हों, लेकिन लोक से उद्‌भूत और कवियों द्वारा लालित-पालित यह नन्हा-सा छन्द अपनी रसमयता के कारण आज भी काव्यजगत् में अपना सम्मान बनाये हुए है और जब तक रसिकता रहेगी, हय सम्मान अक्षुण्ण ही बना रहेगा।

- **'शोधपीठ'**

बी-9, जिगर कालोनी
मुरादाबाद-244 001
दूरभाष : 0591-2436766
94125-06917

डा. अनन्तराम मिश्र 'अनन्त'

जन्मतिथि : भाद्रपद अनन्त चतुर्दशी, सं. 2013वि., सन् 1956 ई. (पठकाना शाहाबाद, ज़िला हरदोई, उ.प्र.)।

शिक्षा : एम.ए. (हिंदी, संस्कृत), पी-एच.डी.।

प्रकाशन : ओज, दोहा, खंडकाव्य, ग़ज़ल, सवैया आदि विधाओं में डेढ़ दर्जन पुस्तकें प्रकाशित।

सम्मान/पुरस्कार : उ.प्र. हिंदी संस्थान लखनऊ समेत विभिन्न संस्थाओं द्वारा सम्मानित एवं पुरस्कृत।

संप्रति : वरिष्ठ रीडर एवं रिसर्च गाइड, स्नातकोत्तर हिंदी विभाग, केन ग्रोअर्स नेहरू पोस्ट ग्रेजुएट कालेज, गोला गोकर्णनाथ, खीरी (उ.प्र.)।

संपर्क : निकट जंगलात कोठी (लखीमपुर रोड), गोला गोकर्णनाथ, खीरी-262 802 (उ.प्र.)।

दिया बल्ब से कर उठा, निज गौरव-उल्लेख।
'मेरे पैरों में तिमिर, तेरे सर पर, देख'।।

अरे वाह! इसको मिली, जिजीविषा क्या ख़ूब।
पत्थर का भी फाड़ उर, उग आयी फिर दूब।।

ताल वही, बगिया वही, धूप वही है छाँव।
पर अब क्यों लगता नहीं पहले जैसा गाँव।।

उधर नगर सुख-भोग हैं, नभचुंबी धन-धाम।
इधर झोंपड़ी-भुखमरी, नग्न अभागा ग्राम।।

आग लगी उस गाँव में, गूँजा हाहाकार।
लोग बुझाने चल पड़े, ले-लेकर अंगार।।

बहस चल रही सदन में, 'क्या किसान के हाल'।
रूखे-सूखे बाल हैं, झुर्री-झुर्री गाल।।

लाज रिफ़्यूज़ी हो गई, बँधे शील के पाँव।
जबसे शहरी बन गया, आँखों का वह गाँव।।

महँगाई भी है नहीं, उतना सकी दबोच।
जितना दाबे है हमें, परंपरागत सोच।।

पहले दर्शन-पूर्ण थी, आज प्रदर्शन-पूर्ण।
भारतीय संस्कृति हुई, पड़ पछुवा में चूर्ण।।

नहीं आँख में शील अब, है न हृदय में प्यार।
नमस्कार तक रह गया, आपस का व्यवहार।।

राजनीति की नर्तकी, करती ऐसा नृत्य।
सम्मोहित होते सभी, क्या स्वामी क्या भृत्य।।

युग के बीहड़ में बढ़े, इतने वृश्चिक-वंश।
मानवता को हैं मिले, क़दम-क़दम पर दंश।।

चंदन में भी भर गया, दावानल का ताप।
इन वरदानों से भले, थे पिछले अभिशाप।।

शांति, प्रेम, विश्वास को, करके रोज़ खलास।
भय, शंका, आतंक अब, बन बैठे बिंदास।।

सबको अब तक दे रहा था जो प्रकरण आँच।
लो, वह ठंडा पड़ गया, बैठी ज्यों ही जाँच।।

मिलना ही था आँख को, अश्रु-प्रवाह अगाध।
इस युग में हमने किया, हँसने का अपराध।।

अनिल असीम

जन्मतिथि : 15 जून, 1954 (हापुड़, उ.प्र.)

शिक्षा : वाणिज्य स्नातक

प्रकाशन : मरुथल में झील (ग़ज़ल-संग्रह)

संपादित कृति : तीसरी कविता (श्री सीताराम अग्रवाल की कविता)

सम्मान/पुरस्कार : काव्य कुमार, अग्निवेश सम्मान, रत्नाकर सम्मान, हास्य सम्राट, शब्द शिल्पी सम्मान, काव्य शिरोमणि सम्मान, हास्य विभूषण सम्मान सहित अनेक सामाजिक संस्थाओं द्वारा सम्मानित।

संप्रति : प्रिंटिंग

संपर्क : सी-19, संजय नगर, सैक्टर-23 गाजियाबाद (उ.प्र.)

मो. 09810426037

सर्दी जब छीले बदन, जमे हवा से खून।
सूरज की किरणें लगें, तब स्वेटर की ऊन।।

नज़रबन्द सूरज हुआ, हुई धूप को जेल।
कोहरा अब जेलर बना, ये मौसम का खेल।।

बुढ़िया फाके से मरी, हुआ शीत बदनाम।
मौसम को कुछ गर्म कर, अब तो मेरे राम।।

कोहरे ने घोषित करी, सूरज की हड़ताल।
दिया समर्थन धूप ने, धीमी कर ली चाल।।

चूल्हे तो ठंडे हुए, लगी पेट में आग।
मौसम ने कुछ इस तरह गाया सर्दी-राग।।

देख रही है झोंपड़ी, खड़ी-खड़ी खामोश।
ओस पिए औंधे पड़े, सब छप्पर बेहोश।।

देख कुहासे को हुआ, मन में ये संदेह।
धारण की है बर्फ़ ने, आज रुई की देह।।

गुमसुम हैं चिड़िया सभी, सूर्य हुआ कमजोर।
अरे कुहासे भाग जा, होने भी दे भोर।।

रुका न जब दोपहर तक, कोहरे का कोहराम।
बुन्दू धोबी सो गया, भूखा फिर कल शाम।।

राजनीति और सर्दियाँ दोनों एक समान।
धुँधले से दिखने लगे, दोनों के दिनमान।।

सूरज की छुट्टी हुई बिन अर्जी मंजूर।
कोहरा ड्यूटी पर डटा, धूप खड़ी है दूर।।

नदियों में पानी जमा और नसों में खून।
जलती बस्ती भी हुई शिमला, देहरादून।।

मौसम से नाराज हो, घर से दिया निकाल।
फिरै कुहासा सड़क पे, हुआ हाल-बेहाल।।

किया जून में धूप ने, इतना ज्यादा काम।
थकी हुई अब कर रही, अपने घर आराम।

चला रही हैं सर्दियाँ, अब ज़हरीले तीर।
झोंपड़ियों के इसलिए, नीले पड़े शरीर।।

ननुआ पर ऐसी गिरी, इस मौसम की गाज।
खाली रिक्शा खड़ी है, दसवाँ दिन है आज।।

अनुराग गौतम

मूल नाम : ब्रजभूषण गौतम
जन्मतिथि : 30.6.1933 (ग्राम छिबऊ खुर्द, बदायूँ)
शिक्षा : एम.ए. (हिंदी, इतिहास, राजनीतिशास्त्र, अर्थशास्त्र, समाजशास्त्र, एल-एल.बी.)।
प्रकाशन : 'आँसू' (गीत-संग्रह), 'हिंदुत्व विनाश की ओर' तथा महाकाव्य- 'दर्पन मेरे गाँव का' और 'चाँदनी'।
सम्मान/पुरस्कार : उ.प्र. शासन, उ.प्र. हिंदी संस्थान समेत अनेक संस्थाओं द्वारा सम्मानित एवं पुरस्कृत।
संप्रति : सेवानिवृत्ति के पश्चात निरंतर काव्य-साधना।
संपर्क : एम.एम.आई.जी. बी-23, रामगंगा विहार, फेस-1, मुरादाबाद (उ.प्र.)
दूरभाष : 0591-2455544; **मोबाइल :** 98374-68890

गाँव-गाँव में आज है, मूक वर्ग संघर्ष।
मानवता अति क्षीण है, हो कैसे उत्कर्ष।।

घर में तो कुछ भी नहीं, न ही अन्न खलिहान।
हाय दाँव पर लग गया, कृषकों का सम्मान।।

दीनजनों को तो कभी, मिला न श्रम का मूल।
उदरपूर्ति हित कुछ नहीं, तन पर नहीं दुकूल।।

फूल-फूल फगवा खिला, है वसंत हरषात।
साँस-साँस में है सुरभि, प्राण-प्राण मधुवात।।

सुमन बाँटते सृष्टि की गंध और मकरंद।
पर शूलों की चुभन से, पियें पीर के छंद।।

सबको करना कर्म है, फल देगा भगवान।
औरों को सम्मान दो, होगा निज सम्मान।।

जीवन में नैराश्य की, घटा घिरे घनघोर।
मिल जाती है तब स्वयं, नव आशा की कोर।।

कभी न होती विश्व में, विमल सत्य की हार।
साहस, दृढ़ विश्वास से, हार बने उपहार।।

आश्रयभूता भक्ति है, पाएँ सभी समान।
यही धर्म की पोषिका, गाएँ सुर मुनि गान।।

पुण्य, कर्म, व्रत, दान, जप, संयम, विनय, विवेक।
वेद-विहित साधन रहे, दें फल मधुर अनेक।।

अणु-अणु में विभु व्याप्त है, ज्यों घट उदधि-तरंग।
प्रभु-सत्ता के जाल में, गोचर नूतन रंग।।

सत है चित, चित सत्य है, है सतचित आनंद।
आनँद ही सतचित सदा, समझ रहो सानंद।।

देह, इंद्रियाँ, मन नहीं, नहीं अहेता जीव।
ब्रह्मरूप प्राणी सदा, यह सच रहा अतीव।।

काम, क्रोध, मद, ईर्ष्या, लोभ, मोह, मधु प्यास।
भोगवाद विकसित करें, रखो न इनसे आस।।

मरे न जो वह ब्रह्म है, पुरुष पुरातन दिव्य।
गोचर विश्व असत्य है, सत्य अगोचर भव्य।।

राजनीति की गोटियाँ, हैं कितनी अनुकूल।
आँगन-आँगन उग रहे, बेरी और बबूल।।

अम्बरीश कुमार

जन्मतिथि : 18.12.1953 (ग्राम खानपुर, ज़िला बाग़पत)
शिक्षा : एम.ए., एम.एड., पत्रकारिता में पी.जी. डिप्लोमा
लेखन-विधाएँ : व्यंग्य, लेख, दोहे, मुक्तक, गीत आदि।
प्रकाशन : काव्य-संग्रह 'आदमी का सच'
सम्मान : विभिन्न संस्थाओं द्वारा सम्मानित।
संप्रति : समन्वयक, बी.एड. विभाग, गोकुलदास हिंदू गर्ल्स कालेज, मुरादाबाद।
संपर्क : 'आर्यावर्त', खुशहालपुर मार्ग, मझोली, मुरादाबाद।
मोबाइल : 98970-38128

चित्रकार यह देखकर, बहुत रह गया दंग।
चित्र-चित्र के बीच में, छिड़ी हुई है जंग।।

रचना-रचना से लड़ी, आहत रचनाकार।
अहंकार टूटा नहीं, टूट गया परिवार।।

शिल्पी ने गढ़ मूर्तियाँ, रक्खे नाम अनेक।
पूजक सबके अलग हैं, शिल्पी सबका एक।।

ईंटें आपस में लड़ीं, भवन हुआ कमज़ोर।
नींव खोखली कर रहे, कंगूरे मुँहज़ोर।।

कौन ख़ता मैंने करी, दिया मुझे दुत्कार।
मैं तो सबका ही सदा, करता हूँ सत्कार।।

जाति पूछकर क्यों सभी, हो जाते गंभीर।
जैसे सीने में कहीं, चुभा दिया हो तीर।।

स्वाति बूँद औ' सीप के, मोती एक समान।
मिला एक को मान पर, दूजे को अपमान।।

कौन विवशता थी कहो, कब थे हम लाचार।
एक मनुजता तोड़कर, जाति बना दीं चार।।

एक वृक्ष की टहनियाँ, एक वृक्ष के पात।
फिर अछूत कैसे हुआ, बस मेरा ही गात।।

मेरे मन में भी वही, ओंकार का भाव।
क्यों मुझसे व्यवहार में, बरत रहे अलगाव।।

हाथ जोड़ विनती करूँ, आप सभी के बीच।
भाई हैं जब हम सभी, फिर मैं कैसे नीच।।

एक हमारे पूर्वज, और एक माँ-बाप।
फिर मैं कैसे निम्न हूँ, और उच्च हैं आप।।

मेरी माला में वही, गिनती के रुद्राक्ष।
क्यों मेरे ही भाग्य में, लिक्खा गया कटाक्ष।।

एक हमारे राम हैं, और एक भगवान।
फिर भी मैं पापी रहा, तुम हो गये महान।।

एक वृक्ष की छाँव में, सोये हैं हम साथ।
मुझको छूकर धो रहा, फिर क्यों अपने हाथ।।

जाति पूछ ताने दिये, बिना बात अपमान।
ऐसे कब तक चलेगा, बोलो हिंदुस्तान।।

अमीर हुसैन ग़ाज़ी

जन्मतिथि : 05.01.1943
(रतनपुर खुर्द, ज़िला जे.पी. नगर)
शिक्षा : एम.ए. हिन्दी, इतिहास।
लेखन-विधाएँ : दोहे, मुक्तक, गीत आदि।
प्रकाशन : सात काव्य-पुस्तकें प्रकाशित।
सम्मान : विभिन्न संस्थाओं द्वारा सम्मानित।
संप्रति : स्वतंत्र लेखन।
संपर्क : बिलारी, जनपद मुरादाबाद।

जो भारत में रह रहे, उनको है संदेश।
दीन-धर्म है बाद में, इनसे ऊपर देश।।

ग़ाज़ी से मत बैर कर, कर बैरी से बैर।
यह तो दास समाज का, सबकी माँगे ख़ैर।।

धन, बल या निज रूप पर, करो नहीं अभिमान।
अपना उर झाँका नहीं, जो दुर्गुण की खान।।

ठुकरा दिया समाज ने, कह काफ़िर शैतान।
जात-पाँत मानूँ नहीं, मैं केवल इंसान।।

सुख ग़ाज़ी को है नहीं, दुख में भी संतोष।
है यह ख़ाली जेब तो, धनवानों का दोष।।

जो समाज का हित करे, होता वही महान।
दीन-धर्म पर जो लड़े, उसको मूरख जान।।

धन-बल जिसके पास है, उसका जग सम्मान।
योगी, सज्जन सह रहे, जगह-जगह अपमान।।

ब्रेन वॉश जिनके हुए, नहीं मानते बात।
दिन को कहते दिन नहीं, और रात को रात।।

पोथीं तो लाखों पढ़ीं, पढ़ा न गीता-वेद।
फिर भी ज्ञानी बन रहा, इसका मुझको खेद।।

अंतर केवल ज्ञान का, करे पतन-उत्थान।
भेद वपुष में है नहीं, सब जन एक समान।।

मानव एक योनि जगत, मत कर ज्ञानी भूल।
दीन-धर्म भू पर बने, मत कर लड़कर धूल।।

ख़ुदा-राम के नाम पर, बाँटो मत संसार।
ये दोनों हैं एक ही, और एक आधार।।

मानवता से जा रहा, मानव कोसों दूर।
वैकर्मों में लिप्त है, होकर मद में चूर।।

मैं हूँ भारत देश का, भारत मेरा देश।
जीता हूँ इसके लिए, इच्छा नहीं विशेष।।

धनवानों से जग भरा, पर छोटे हैं हाथ।
दानी खोजे से मिले, वारगीर हर पाथ।।

ग़ाज़ी मानव जा रहा, नित्य पतन की ओर।
टूट जाय कब क्या पता, इस जीवन की डोर।।

अशोक 'अंजुम'

मूल नाम : अशोक कुमार शर्मा

जन्मतिथि : 25.9.1966

शिक्षा : बी.एस-सी., एम.ए. (अर्थशास्त्र, हिंदी), बी.एड.

प्रकाशन : 'प्रिया तुम्हारा गाँव' दोहा-संग्रह समेत ग़ज़ल, गीत एवं हास्य कविताओं की 11 पुस्तकें प्रकाशित एवं 25 पुस्तकें संपादित।

विशेष : संपादक- प्रयास (त्रैमासिक)

सम्मान/पुरस्कार : अनेक संस्थाओं द्वारा सम्मानित एवं पुरस्कृत।

संपर्क : 615, ट्रक गेट, कासिमपुर पावर हाउस, अलीगढ़-202 127 (उ.प्र.)

मोबाइल : 93582-18907, 93194-78993

राजनीति तेरा हुआ, उफ़ ये कैसा हाल?
जो भी मुर्ग़ा बाँग दे, उसको करे हलाल।।

लोकतंत्र दिखला रहा, रोज़ अनोखे सीन।
नाच दिखाएँ नेवले, नाग बजाएँ बीन।।

राजनीति की राह में कैसे वाद-विवाद।
पल में ज़िंदाबाद है, पल में मुर्दाबाद।।

अंधकार गर्जन करे, राष्ट्र बहाए नीर।
राजाजी के हाथ में, काठ हुई शमशीर।।

लोकतंत्र में लोक को, नचा रहा है तंत्र।
जनता सम्मोहित यहाँ, सुन कुर्सी के मंत्र।।

भाषण की हँडिया चढ़ी, आश्वासन की खीर।
जनता अक्सर चाटकर, भूल गई हर पीर।।

आमंत्रण देता रहा, प्रिया तुम्हारा गाँव।
सपनों में चलते रहे, रात-रातभर पाँव।।

प्रिया तुम्हारा गाँव है, जादू का संसार।
पलक झपकते बीततीं, सदियाँ कई हज़ार।।

तोड़ सको तो तोड़ लो, तुम हमसे सम्बन्ध।
अंग-अंग पर लिख दिए, हमने प्रेम-निबन्ध।।

धूल झाड़कर जब पढ़ीं, यादों जड़ी किताब।
हर पन्ने पर मिल गए, सूखे हुए गुलाब।।

सारे के सारे मिले, जो भेजे पैग़ाम।
जब-जब आईं हिचकियाँ, लिया आपका नाम।।

आमंत्रण था आँख में, किंतु होंठ थे मौन।
समय रुका किसके लिए, दोषी बोलो कौन।।

मधुमय बंधन बाँधकर, कल लौटी बारात।
हरी काँच की चूड़ियाँ, खनकीं सारी रात।।

लोग लगे जब बाँटने, पग-पग पर अंगार।
मूरत निकला बर्फ़ की, तेरा-मेरा प्यार।।

सहती रहतीं रात-दिन, तरह-तरह के तीर।
हर लेती हैं बेटियाँ, घर-आँगन की पीर।।

सौदागर इस देश के, रहते मद में चूर।
बिटिया को महँगा लगे, माथे का सिंदूर।।

प्रो. अशोक चक्रधर

जन्मतिथि : 08.02.1951 (खुर्जा, उ.प्र.)
शिक्षा : एम.ए., एम. लिट्., पी-एच.डी. (हिन्दी)
लेखन-विधाएँ : कविता, निबंध, दोहे, नाटक एवं बाल-साहित्य।
प्रकाशन : विभिन्न विधाओं में लगभग साढ़े तीन दर्जन पुस्तकें प्रकाशित।
सम्मान : विभिन्न प्रतिष्ठित संस्थाओं द्वारा सम्मानित एवं पुरस्कृत।
संप्रति : हिन्दी समन्वयक, जीवन पर्यंत शिक्षण संस्थान, दिल्ली वि.वि. दिल्ली-110 007
संपर्क : जे-116, सरिता विहार, नई दिल्ली-110 076
दूरभाष : 011-26949494, **मोबाइल** : 98110-13621

लाजो का पति चल बसा, छोड़ उसे असहाय।
घर भी बन पाया नहीं, क्या ओढ़े, क्या खाय।।

दो बच्चों के संग में, लाजो आज उदास।
करे गुज़ारा किस तरह, नहीं कमाई ख़ास।।

तीन पेट भूखे रहें, कैसे हो निर्वाह।
मजबूरी ने दिखा दी, मज़दूरी की राह।।

आज यहाँ तो कल वहाँ, किए सभी के काम।
लेकिन मेहनत के उसे, मिले न पूरे दाम।।

काम बराबर का किया, दाम अधिक नर पाय।
औरत पर ही क्यों करें, मालिक ये अन्याय।।

रैन गई ओ नवेली, मत कर सोच-विचार।
दिन निकला चल काम कर, आँगन झाड़-बुहार।।

तुम मुझसे नाराज़ थे, तो दिखते नाराज़।
मुस्कानों में क्यों भला, छिपा रहे थे राज़।।

काँटे भी थे फूल से, था वो मेरा गाँव।
तलवे ज़ख़्मी हो गए, रख फूलों पर पाँव।।

गोदी में आकर गिरा, नन्हा सूखा पात।
पुनः हरा कर दे इसे, है किसकी औक़ात।।

एक क़दम टेढ़ा पड़े, आ जाता भूचाल।
अरी जवानी बावली, सीधी कर ले चाल।।

सुख ने माना सभी को, दुख देकर हर बार।
दुख से कभी न हारना, वह सुख का आधार।।

घटीं हृदय की दूरियाँ, मिटे सभी अवसाद।
मन नंदन वन हो गया, इन छुअनों के बाद।।

तानपुरा निर्जीव है, तन पूरा संगीत।
दरबारी आसावरी, गाओ कोई गीत।।

क्रांति सदा लाए युवा, जीवन हो या खेल।
वार न करती दूर तक, ढीली पड़ी गुलेल।।

कलाकार है मंच पर, पीछे है नेपथ्य।
किंतु भुला देते सभी, यही ज़रूरी तथ्य।।

गिरगिट रोया रातभर, मेरा क्या है दोष।
नेता से तुलना करी, नेता सब मदहोश।।

आनन्द कुमार 'गौरव'

जन्मतिथि : 12.12.1958 (ग्राम भगवानपुर रैहनी, बिजनौर)

शिक्षा : स्नातक, पत्रकारिता डिप्लोमा

प्रकाशन : आँसुओं के उस पार (उपन्यास), मेरा हिन्दुस्तान कहाँ है (गीत-संग्रह), थका-हारा सुख (उपन्यास), शून्य के मुखौटे (कविता-संग्रह)।

सम्मान/पुरस्कार : विभिन्न सामाजिक/साहित्यिक संस्थाओं द्वारा सम्मानित एवं पुरस्कृत।

संप्रति : बैंक अधिकारी

संपर्क : ई-8-ए, हिमगिरि कालोनी, काँठ रोड, मुरादाबाद (उ.प्र.)

पत्राचार : पो.बा. 311, मुरादाबाद (उ.प्र.)

मोबाइल : 97194-47843

अन्न, धरम, धन, ज्ञान, गुरु, रखिये सदा सहेज।
इन रतनों में वासती, प्राणी सुख की सेज॥

इतना भय किस काम का, मौन अहम हो जाय।
मन की पीड़ा साधना, मन ही में रह जाय॥

अपने क़द की कीजिये, सदा दोस्ती आप।
क़द से छोटी या बड़ी, बने दोस्ती शाप॥

दीं सबको शुभकामना, रख सुख हित का ध्यान।
कब कितना किसको मिला, नहीं किया अनुमान॥

कड़वा सच है दोस्ती, बिना स्वार्थ ना होय।
दोस्त वही जो दोस्त को, हितकर साबित होय॥

जिस सुख के प्रतिरूप में, औरों का सुख जाय।
ऐसे सुख की कामना, भूले नहीं सुहाय॥

अपनी-अपनी सोच है, अपने-अपने भाव।
अपनेपन की साधना, करती सदा निभाव।।

निजी स्वार्थ की साधना, बने कलह का हेतु।
रखो मीत सद्ज्ञान को, बने खुशी का सेतु।।

साधो यूँ परिवार को, सुख-दुख साँझा होय।
विपदा आये जब कभी, धीरज प्रेम न खोय।।

राखो मणि को पाँव में, काँच धरो सिर लाय।
फिर भी मणि के दाम को, काँच नहीं छू पाय।।

रातों की नींदें गयीं, गये दिवस के चैन।
बस तेरे दीदार को, राह बिछाये नैन।।

अवरोधों का नाश जो करने में सकुचाय।
अपने ही हाथों सदा, अपना अहित कराय।।

नरक उन्हीं का हेतु है, औरन धोखा देय।
सदा अहम में चूर हो, सबको समझें हेय।।

मन है पगला बावरा, माया सदा लुभाय।
सीताराम बिसार के, वृथा मोह धुन गाय।।

बुरा पीठ पीछे कहें, मिलकर मीठी बात।
ऐसे मीतों से सदा परिभाषित है घात।।

मोह और माया तजी, प्राणी हित का ध्यान।
साधू-संतों की यही सीधी-सी पहचान।।

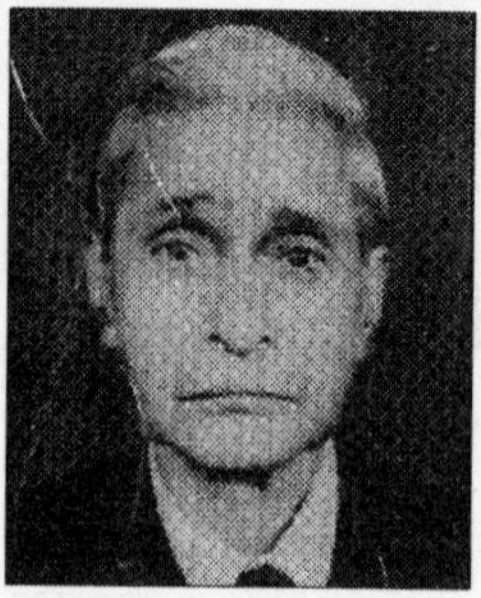

आर.पी. शर्मा 'महर्षि'

जन्मतिथि : 07.3.1922 (गोंडा, उ.प्र.)
शिक्षा : मैट्रिक
प्रकाशन : हिंदी ग़ज़ल संरचना : एक परिचय (उर्दू छंद शास्त्र का सन् 1984 में सर्वप्रथम हिंदी में रूपांतरण), ग़ज़ल निर्देशिका, ग़ज़ल विधा, नागफनियों ने सजाईं महफ़िलें, व्यावहारिक छंदशास्त्र, ग़ज़ल और ग़ज़ल की तकनीक,
संप्रति : सेवानिवृत्ति के पश्चात पूर्णकालीन साहित्य-साधना में रत।
संपर्क : ए-1, 'वरदा', कीर्ति कालेज के निकट, वीर सावरकर मार्ग, दादर (प.), मुंबई-400 028.
दूरभाष : 022-24324271; **मोबाइल** : 93215-45179.

बड़े हुए तो क्या हुए, रहे नासमझ आप।
बच्चों से ही सीखिये, करना मेल-मिलाप।।

हथियारों से अब नहीं, कोई भी अनजान।
बंदूक़ों से हो गई, बच्चों की पहचान।।

गोरी तो लेकर गई, प्यार और अनुराग।
बदले में ससुराल ने, दी दहेज की आग।।

किस युग में नारी कहो, करे न्याय की आस।
राम-राज में जब मिले, सीता को बनवास।।

मख़मल में भी ख़ुश नहीं, आते नज़र जनाब।
क्यों न हँसें फिर आप पर, काँटों बीच गुलाब।।

कितना ही सींचो उसे, कितनी ही दो खाद।
झाड़ रहेगा झाड़ ही, श्रम होगा बरबाद।।

मेरे उसके बीच यूँ, चला पत्र-व्यवहार।
उसने कुछ दोहे लिखे, मैंने कुछ अशआर।।

नूरानी चेहरे लिए, उमड़ा हुस्न तमाम।
रोशन होकर रह गई, एक ग़ज़ल की शाम।।

'महरिष' जी पीटा करो, बैठे आप लकीर।
कहना था जो कह गये, रहिमन, वृंद, कबीर।।

जिस आँगन में खेलकर, बड़ा हुआ परिवार।
आज उसी के बीच है, नफ़रत की दीवार।।

बच पायेगी आग से, कब तक सूखी घास।
निर्धन की है झोंपड़ी, शीशमहल के पास।।

आये तब कुछ और ही, कविता में आनंद।
अनुपम उसमें नाद हो, और सरस लय-छंद।।

बिन ब्याही थी वह भली, सखी-सहेलिन साथ।
दुर्जन के पल्ले पड़ी, ब्याही ठोके माथ।।

उनको है ईमान का, इतना पास जनाब।
कहते हैं वे बे-वज़ू, छूते नहीं शराब।।

आज शायरी में मिला, उनको एक मुक़ाम।
दोहों पर होने लगा, उर्दू में इल्हाम।।

शायर कोई मीर-सा, फिर गुलशन में आय।
पत्ता-पत्ता डाल का, आज यही दुहराय।।

उदयभानु हंस

जन्मतिथि : 02.8.1926 (ज़िला मुज़फ़्फ़रगढ़, वर्तमान पाकिस्तान)

शिक्षा : प्रभाकर, शास्त्री, एम.ए. हिंदी।

प्रकाशन : उदयभानु हंस रचनावली (चार खंड), दोहा सप्तशती, प्रीत लगा बैठा (श्रृंगार-गीत), प्रतिनिधि गीत।

सम्मान/पुरस्कार : विभिन्न संस्थाओं द्वारा सम्मानित एवं पुरस्कृत।

संप्रति : गवर्नमेंट कालेज हिसार के प्रिंसिपल पद से सेवानिवृत्त।

संपर्क : 202, लाजपत नगर, हिसार-125 001.

दूरभाष : 01662-237448; **मोबाइल** : 94162-39666

जग परिवर्तनशील है, सुन संतों की सीख।
पल में सिंहासन मिले, पल में मिले न भीख।।

यदि है दृढ़ संकल्प तो, हर मुश्किल आसान।
पहुँचा देगा नाव को, तट तक खुद तूफ़ान।।

जब कोई समझे नहीं, शांति शब्द का अर्थ।
वहाँ अहिंसा प्रेम की बातें हैं सब व्यर्थ।।

सीधी उँगली से नहीं, जब निकले परिणाम।
कूटनीति चाणक्य की, आती है तब काम।।

खुले आम हैं घूमते, यहाँ चोर-बदमाश।
देशभक्त, सत्याग्रही, भोगें कारावास।।

बहा शहीदों का लहू, भारत हुआ स्वतंत्र।
नेता लेकिन जप रहे, अभी विदेशी मंत्र।।

तुम बहुमुखी विकास का, कितना करो बखान।
बिना राष्ट्रभाषा अभी, गूँगा हिंदुस्तान।।

युग-परिवर्तन की हुई, गति कुछ इतनी तेज़।
भारतीय हैं शक्ल से, मन से हम अंग्रेज़।।

भोली सूरत देखकर मत करना विश्वास।
रावण ने भी साधु का ही था धरा लिबास।।

तलवारें हैं काठ की, हैं काग़ज़ी त्रिशूल।
लोग क्रांति की कर रहे, बातें ऊलजलूल।।

जीत लिया त्रैलोक्य को, जिसने भुजा प्रसार।
कर न सका रावण वही, लक्ष्मण-रेखा पार।।

जान सके जिसको नहीं, पंडित गुरु गंभीर।
उसी सत्य को पा गया, अनपढ़ संत कबीर।।

इतना अपने को कभी, मत समझो चालाक।
सहसा जाते डूब हैं, बड़े-बड़े तैराक।।

पहले पढ़ना सीख ले, निज मस्तक के लेख।
फिर लोगों की सोचकर जन्मकुंडली देख।।

बाह्य रूप से कर नहीं, भीतर की पहचान।
खोज कोयलों में छिपी, तू हीरों की खान।।

तन पर उजला वेश है, मन में मलिन विचार।
वेश्या वधू न बन सके, कर सोलह श्रृंगार।।

उमाश्री

जन्मतिथि : 17.11.1944 (कालपी, उ.प्र.)

शिक्षा : एम.ए. साहित्यरत्न, एम.एड.

लेखन-विधाएँ : गीत, ग़ज़ल, हास्य-व्यंग्य।

प्रकाशन : विभिन्न राष्ट्रीय पत्र-पत्रिकाओं में रचनाएँ प्रकाशित।

सम्मान : विभिन्न संस्थाओं द्वारा सम्मानित।

संप्रति : साहित्य-सेवा।

संपर्क : रेवा हास्पिटल के पास, आनंद नगर, होशंगाबाद (म.प्र.)-461 001.

दूरभाष : 07574-252723

एकमुखी रुद्राक्ष-सा, तुमसे पाया नेह।
पल में अभिमंत्रित हुई, यह चंदन-सी देह।।

दो नैना शुभ-लाभ से, जोह रहे थे बाट।
छुअन समर्पण लग रहे, जैसे पूजा-पाठ।।

मेरे भाव विचार में, व्यापा विकट विवाद।
दो नयनों के श्लोक का, कौन करे अनुवाद।।

सहमी-सहमी-सी फ़िजा, हो कैसे अब हर्ष।
दुश्मन से अब घिर गया, अपना भारतवर्ष।।

फहराकर ध्वज आ रहे, धन्य हुआ गणतंत्र।
ब्लू फ़िल्मों में देखते, देह तृप्ति के मंत्र।।

बापू जबसे देश में, बरसे हैं हथियार।
'तमसोमाज्योतिर्गमय' शब्द लगे अंगार।।

महँगाई की रेल पर, बैठा सारा देश।
बिना टिकट बैठे मिले, ब्रह्मा, विष्णु, महेश।।

दृश्य देख मधुमास का, मैं तो रह गइ दंग।
चालीसा हनुमान का, लिए सजनवा संग।।

वेदव्यास, तुलसी सदृश, जब हों तेरे नैन।
आत्मसात् होंगे तभी, कविताओं के बैन।।

हुए पखावज अंग सब, सारंगी-सी देह।
हुआ सुकारज मधुमयी, घुँघरू-घुँघरू नेह।।

देह सुमन से रिस रहा, यौवन का मकरंद।
छुअन लिखे हर अंग पर, घनानंद के छंद।।

खेत बेचकर ले लिया, चलता-फिरता फोन।
देख पश्चिमी सभ्यता, दद्दू हैं अब मौन।।

होती है शुभलाभ-सी, पुत्री को दें जन्म।
यह बेटों से भी अधिक, रखे सुखी आजन्म।।

बने 'निराला' भाव मम, और शब्दों हों पंत।
दो 'प्रसाद' आकर मुझे, हे कविता के संत।।

अपना सारा फंड मत, कर बेटों के नाम।
जोंक सरीखा चूसकर, छोड़ेंगे बस चाम।।

बाजी बीन बिछोह की, अकुलाया अनुराग।
विवश झूमता रह गया, सखी प्रेम का नाग।।

ओंकार सिंह 'ओंकार'

मूल नाम : ओंकार सिंह
जन्मतिथि : 04.7.1950 (ग्राम चंगेरी, मुरादाबाद)
शिक्षा : इंटरमीडिएट
विधाएँ : गीत, ग़ज़ल, दोहा, मुक्तक आदि।
प्रकाशन : संसार हमारा है (ग़ज़ल-संग्रह)
सम्मान/पुरस्कार : अनेक संस्थाओं द्वारा सम्मानित।
संप्रति : विद्युत विभाग, मुरादाबाद में कार्यरत।
संपर्क : 1 बी/241, बुद्धिविहार, आवास विकास कालोनी, दिल्ली रोड, मुरादाबाद।
दूरभाष : 0591-2483587
मोबाइल : 99975-05734

जनता के सेवक बने, ख़ूब उड़ाते माल।
लेकिन जनता के लिए, मुश्किल आटा दाल।।

बेचे रिश्ते प्रेम के, बेचा प्यार-दुलार।
लाये नये विकास का, ये महँगा बाज़ार।।

बेकारी की मार से, घायल सब संसार।
बिन पैसे के व्यर्थ है, भरा हुआ बाज़ार।।

घर-घर में मंदिर बने, जहाँ बसे भगवान।
मगर आदमी कर गया, अब घर से प्रस्थान।।

अपराधी तो पा रहे, जगह-जगह सम्मान।
अपमानित से हो रहे, बड़े-बड़े विद्वान।।

आयें जब भी सभा में, जितने भी विद्वान।
अभिनंदन हो सभी का, सबका हो सम्मान।।

करते हैं जो लोग भी, विद्वानों का मान।
उनका अपने आप ही, हो जाता सम्मान।।

जो भी कठिन विपत्ति में, नहीं छोड़ता धीर।
वही व्यक्ति संसार में, कहलाता है वीर।।

एक विजय के बन गये, देखो मित्र हज़ार।
मगर हार का है नहीं, कोई रिश्तेदार।।

गाँव बाढ़ से घिर गये, सब गिर गये मकान।
जिनको देख विमान से, खुश नेता श्रीमान।।

आलस दुख का मूल है, फल जिसका अपमान।
शुभ कर्मों से सुख मिले, और मिले सम्मान।।

आँखों से ओझल हुई प्यारी-प्यारी धूप।
ठंडक अब रखने लगी, न्यारे-न्यारे रूप।।

कभी किसी इंसान का, करो नहीं अपमान।
पाओगे सम्मान तुम, बाँटो यदि मुस्कान।।

फूलों की वर्षा करें, जब ऋतुराज वसंत।
तब होली के मिलन में, खुशियाँ मिलें अनंत।।

आँख खोल देखो ज़रा, खोलो मन के द्वार।
होली के इस मिलन में, छिपा हुआ है प्यार।।

झूठे सुख की चाह में, पतित हुआ इंसान।
भ्रष्टाचारी हो गया, बेच दिया ईमान।।

कपिल कुमार

जन्मतिथि : 02.01.1935 (हाथरस, उ.प्र.)

शिक्षा : बी.काम.

लेखन-विधाएँ : उपन्यास, गीत, कुंडलियाँ, दोहे, बाल-कविताएँ।

प्रकाशन : उपन्यास–'काजल की रेखा', 'बुरा-भला' व 'आवेश'; कुंडलियाँ–'कहे कपिल कविराय'; बालकविताएँ–'नन्हें-मुन्ने'।

सम्मान : विभिन्न प्रतिष्ठित संस्थाओं द्वारा सम्मानित।

संप्रति : स्वतंत्र लेखन व अभिनय।

संपर्क : 4, गंगा भवन, 24वीं रोड, बांद्रा (वेस्ट), मुंबई-400 050

मोबाइल : 98211-35516

सिर्फ़ जौहरी ही करे, हीरे की पहचान।
हीरा लेकिन क्या करे, जब हो बंद दुकान।।

मेलजोल से जब कभी, बनती है सरकार।
छोटे-मोटे दल सभी, करते हैं तकरार।।

ताक़त होती क़लम की, बेहद अपरंपार।
मुंशीजी भी कह गए, इसको ही तलवार।।

कुछ धर्मों के भेष में, बँटा हुआ संसार।
भूल गए उस धर्म को, जिसको कहते प्यार।।

बेशर्मों से शर्म की, कभी न करिए बात।
राजनीति के क्षेत्र में, बिगड़े हैं हालात।।

दुनिया के बाज़ार में, मिलती है हर चीज़।
कहना होता बस यही, 'रेट' बताओ 'प्लीज़'।।

होनी तो होकर रहे, जाने सब संसार।
अनहोनी भी साथ में, आती पंख पसार।।

हर पहली तारीख़ को, मन में उठे उमंग।
पत्नी का मुखड़ा खिले, बदले घर का रंग।।

धूप-छाँव, सुख-दुख सभी, जीवन के हैं संग।
यहीं देखने को मिलें, माया के सब रंग।।

अलबेली है मुंबई, अलबेली हर बात।
लूटमार की छाँव में, होती है ख़ैरात।।

दिल्ली के दरबार में, मिले न सबको ठौर।
कुछ क़िस्मत का फ़ैसला, कुछ कर्मों का दौर।।

सिर पर जब विपदा पड़े, पूजा करें अनेक।
हर मंदिर के द्वार पर, माथा देते टेक।।

मन हारे तो हार है, मन जीते तो जीत।
मन ही तो नफ़रत करे, मन ही करता प्रीत।।

जीवन में संबंध कुछ, होते हैं अनमोल।
तोल नहीं सकती तुला, ममता वाले बोल।।

छल-प्रपंच-धोखाधड़ी, राजनीति की जान।
बिन ढूँढे मिलते यहाँ, दलबदलू इंसान।।

आँखों पर पट्टी बँधी, फिर भी करता न्याय।
इसीलिए क़ानून से, हो जाता अन्याय।।

कमल किशोर 'भावुक'

जन्मतिथि : 20.8.1967 (सुरार, कानपुर)।
शिक्षा : हाईस्कूल, साहित्य-विशारद मध्यमा।
प्रकाशन : सन्नाटे में सरगम (ग़ज़ल संग्रह); परिचय-पत्रिका।
सम्मान : विभिन्न संस्थाओं द्वारा सम्मानित।
संप्रति : प्राइवेट नौकरी।
संपर्क : 'भावुक-भवन', 545क/ई-59, प्रभातपुरम् (आलमनगर स्टेशन के सामने), राजाजीपुरम्, लखनऊ-226 017 (उ.प्र.)।
मोबाइल : 92369-99277; 96165-85610

सूरज को विश्राम की, मिलती कैसे छूट।
दिया अगर पीता नहीं, अंधकार के घूँट।।

क्या उत्तर होगा, यही, सोच दुखी है प्रश्न।
नागफनी के गाँव में, गुब्बारों के जश्न।।

व्यक्ति जी रहा इस तरह, जीवन आज अशांत।
टूटी-फूटी आस्था, जुड़े-गँठे सिद्धांत।।

उम्मीदों को क्या हुआ, क्यों हैं इतनी ढीठ।
बात-बात में आजकल, दिखलाती हैं पीठ।।

जा पंछी, तू कहीं भी, खोज दूसरा नीड़।
क़दम-क़दम पर यहाँ है, बहेलियों की भीड़।।

आज व्यवस्था ने रची, कुछ ऐसी पहचान।
गंधर्वों के देश में, सर्पों का सम्मान।।

पंछी, बेटी, बहन में, अंतर नहीं विशेष।
जाने कब इस देश हैं, जाने कब उस देश।।

बेटी को समझा गया, जहाँ-जहाँ अभिशाप।
वहाँ-वहाँ पर अंततः, जन्मा पश्चाताप।।

आख़िर कोई कर सके, किस पर क्या विश्वास।
नीलाम नक्षत्र की, करता जब आकाश।।

अक्सर बूढ़े बाप को, मिला यही वरदान।
उसका अपना ख़ून ही, नहीं रहा पहचान।।

जहाँ कहीं संकल्प के, डिग जाते हैं पाँव।
वहीं लुटा करते सदा, आशाओं के गाँव।।

सपने शूलों से बिंधे, अश्रु-लिखी तक़दीर।
टूटी चूड़ी-सी दुखद, मेरे मन की पीर।।

यादों की बारात जब, पहुँची मन के द्वार।
भावुक पीड़ा ने किया, तब सोलह श्रृंगार।।

तृष्णा नामक नदी की, यार अजब तक़दीर।
बाँहों में जलराशि है, प्राणों में है पीर।।

पीड़ा से परिणय हुआ, खिली हृदय की आग।
जीन से जुड़ता गया, अंगारों का राग।।

प्रेम-पथिक को क्या पता, कहाँ आदि या अंत।
जहाँ मीत का साथ है, उसका वहीं वसंत।।

कुँवर बहादुर लाल 'कुँअर'

(के.बी. लाल 'कुँअर')

जन्मतिथि : 01.6.1945 (मझिगाँवा (कनइल) गोरखपुर)

शिक्षा : इंटरमीडिएट, एच.टी.सी.

लेखन-विधाएँ : गीत, ग़ज़ल, दोहे आदि।

प्रकाशन : विभिन्न पत्र-पत्रिकाओं में प्रकाशित।

सम्मान : विभिन्न संस्थाओं द्वारा सम्मानित।

संप्रति : सेवानिवृत्त अध्यापक

संपर्क : श्याम विहार कालोनी, फ़ेज़्-द्वितीय (मज़ार के सामने), लच्छीपुर (राणी सती मंदिर), गोरखनाथ, गोरखपुर।

मोबाइल : 94549-36669

हम तो भीगे थे अभी, सुखा गई अब धूप।
ये समझौते मौसमी, मौसम के अनुरूप।।

चीज़ों की वह आँख से, करे परख-पहचान।
बड़ी-बड़ी बातें करे, है बालक नादान।।

आँख-आँख आँसू मिले, बूँद-बूँद पर लेख।
सागर जैसा दिखेगा, चखकर भी तो देख।।

राह चलूँ या राह दूँ, तरह-तरह की राय।
चलने से मंज़िल मिले, राह दिये कट जाय।।

तरह-तरह की भूख है, तरह-तरह के जाल।
कहाँ किसी को दीखता, दाना-दाना चाल।।

कंचन-घट से आज भी, है अमृत की आस।
कंधा-कंधा ढो रहे, हम अपना विश्वास।।

निपट दिगंबर हो गया, कपड़े दिये उतार।
नंगापन तो ढाँप ले, लेकिन नग्न विचार?

घर-दफ़्तर में दिन गया, गिनती गिनते रात।
ख़ुद में डूबे कब मिले, हमको वो लम्हात।।

रात बिचारी क्या करे, सपना बन-बन आय।
बस में जिसके है यही, सच कैसे दिखलाय।।

बाहर दिखती सादगी, भीतर इतने रंग।
यह दोरंगी देखकर, आईना है दंग।।

तनीं नींद में मुट्ठियाँ, सुबह कट गये हाथ।
अक्सर ऐसा ही हुआ, बेबस-जन के साथ।।

भीग-भीगकर बरसती, कैसी है यह आग।
दबी रहे तो सुलगती, आग जली अब जाग।।

जबसे धंधा चल गया, फैला कारोबार।
शब्द-शब्द में गर्व है, बेच रहे अख़बार।।

आँख देखकर दंग है, पूजा का यह रंग।
एक हाथ है दुआ में, एक हाथ में संग।।

सबके सब ख़ामोश थे, होंठ सभी के बंद।
फिर किसकी आवाज़ ने, छेड़े अंतर्द्वंद।।

सबको ही घर चाहिए, सबकी है यह चाह।
फिर किसको अच्छी लगे, कबिरा तेरी राह।।

कुमार शैलेन्द्र

जन्मतिथि : 27.7.1941 (मुज़फ़्फ़रपुर, बिहार)
विशेष : विज्ञापन, फ़िल्म, टी.वी., पत्र-पत्रिकाओं के लिए निरंतर लेखन, प्रसिद्ध गायक-गायिकाओं के स्वर में गीतों के कई रिकार्ड और एलबम, अंतर्राष्ट्रीय फ़िल्म उत्सवों में पुरस्कृत फ़िल्मों, लघु चित्रों के लिए पटकथा-संवाद लेखन आदि।
संप्रति : आकाशवाणी से सेवानिवृत्ति के पश्चात पूर्णकालीन साहित्य-साधना।

चमक-दमक ओढ़े फिरें, निर्धन हुए अछूत।
माटी से नफ़रत करें, माटी के ही पूत।।

किसको अपना जानिये, किससे रखिये प्रीत।
अपनेपन के स्वाँग में, सब स्वारथ के मीत।।

छोटी-छोटी बात पर, बड़ी-बड़ी तकरार।
तन से सेहतमंद हैं, मन से हैं बीमार।।

संकट में सोचो सदा, कैसे हो उद्धार।
जो केवल चिंता करें, कभी न लागें पार।।

मीठा बनता जो अधिक, झुक-झुक बोले बात।
ऐसे प्रियजन से मिले, कपट भरी सौग़ात।।

जो भीतर से खोखला, करता निज गुणगान।
ज्ञानी अपने ज्ञान का, करे न कभी बखान।।

अंदर तो देखा नहीं, बाहर फिरे निरास।
दर-दर उसको ढूँढता, जो तेरे ही पास।।

जड़ थामे तरुवर बढ़े, नभ छूने की आस।
जिसके पाँव ज़मीन पर, वही छुए आकास।।

मनचाहा भी पाय के, लालच नहीं अघाय।
लिए लालसा और की, भटके चैन गँवाय।।

पानी-पानी बुझ गई, हर गागर की प्यास।
शाम ढली एकांत में, पनघट खड़ा उदास।।

उपवन का सौंदर्य है, तितली, फूल, बहार।
बरखा बिजली मेघ हैं, सावन का शृंगार।।

दो प्रेमी की बात सुन, लगी हवा में आग।
बातें ही बाती बनीं, घर-घर चले चिराग़।।

आत्म-प्रशंसा में रमे, बनते लोग महान।
जग माने जब दूसरे, करें सदा गुणगान।।

जैसे फूल सुगंध से, ख़ुद पहचाना जाय।
ज्ञानी अपने ज्ञान से, जग में जाना जाय।।

उमर बिताई फल बिना, सोच-सोच पछताय।
जितनी बाक़ी है उसे, अब ले सफल बनाय।।

चूर-चूर हो जाय तो, माटी धूल कहाय।
थामे उँगली पवन की, उड़े गगन बन जाय।।

कृष्ण कुमार 'नाज़'

मूल नाम : कृष्ण कुमार वर्मा
जन्मतिथि : 10.01.1961 (ग्राम कूरी रवाना, मुरादाबाद)
शिक्षा : एम.ए. (समाजशास्त्र, उर्दू, हिंदी), बी.एड.
प्रकाशन : ग़ज़ल-संग्रह- 'इक्कीसवीं सदी के लिए' व 'गुनगुनी धूप', गीत-संग्रह- 'मन की सतह पर'।
लेखन विधाएँ : ग़ज़ल, गीत, दोहे, कविता, नाटक आदि।
सम्मान : विभिन्न संस्थाओं द्वारा सम्मानित।
विशेष : आकाशवाणी रामपुर द्वारा दर्जनभर ग़ज़लें एवं गीत संगीतबद्ध।
संप्रति : शासकीय सेवा।
संपर्क : सी-130, हिमगिरि कालोनी, काँठ रोड, मुरादाबाद (उ.प्र.)।
दूरभाष : 0591-2454422, **मोबाइल :** 99273-76877

आपस में पैदा हुए, इतने वाद-विवाद।
हम-तुम दोनों प्रेम के भूल गए संवाद।।

कुछ अपनी, कुछ आपकी, कुछ दुनिया की बात।
कहते-सुनते कट गए, जीवन के दिन-रात।।

तुममें था जैसे निहित, जीवन का सब सार।
तुम क्या बिछुड़े, हो गया जीना ही दुश्वार।।

मेरे प्यारे आँसुओ! मेरा तुम्हें प्रणाम।
जीवन को तुमने दिये, नये-नये आयाम।।

धुँधला-धुंधला दिख रहा, यत्र-तत्र-सर्वत्र।
भीगी आँखें किस तरह, पढ़ें तुम्हारा पत्र।।

चहल-पहल है इस तरह, जैसे हो त्योहार।
सजा हुआ है दूर तक, यादों का संसार।।

यदि हो निर्मल भावना और परस्पर प्यार।
अवरोधक बनती नहीं, आँगन की दीवार।।

बैठी हैं घेरे हुए, यादें मन का घाव।
जैसे हो चौपाल में, चलता हुआ अलाव।।

गति अवरोधक बन गए, इच्छाओं के जाल।
जीवन-पथ पर हो गया, चलना बहुत मुहाल।।

'हैंडपंप' के छिन गए, सब के सब अधिकार।
'मिनरल वाटर' का हुआ, जब से आविष्कार।।

फूट-फूट रोई बहुत, ख़ुशी हृदय के द्वार।
हमने जब-जब भी किया, आँसू का सत्कार।।

सारे बंधन तोड़कर, पहुँचा अपने गाँव।
याद बहुत आई मुझे, जब पीपल की छाँव।।

उगता सूरज देखकर, कुहरा हुआ उदास।
खिली धूप ने छीन ली, जीवन की हर आस।।

प्यार उठा तो हो गया, मानव का उद्धार।
प्यार गिरा तो सज गए, जिस्मों के बाज़ार।।

अपमानित हो प्रेम ने, लिया द्वेष का रूप।
शीतल छाया बन गई, दोपहरी की धूप।।

मुस्कानो! मेरा तुम्हें, धन्यवाद, आभार।
शरणागत का मैं सदा, करता हूँ सत्कार।।

कृष्णेश्वर डींगर

जन्मतिथि : 05.3.1931 (खैराबाद, सीतापुर, उ.प्र.)
शिक्षा : विज्ञान में स्नातक, साहित्य सुधाकर (उत्तमा)
प्रकाशन : 'परिधि से केन्द्र तक', 'गांधारी', 'अपने-अपने इरादे', 'एक बूढ़ा पेड़', 'सोता अनपढ़ जागा', 'गौरैया और पागल हाथी', 'आस्था', 'गीता काव्य कौमुदी' आदि।
सम्मान : अनेक संस्थाओं द्वारा सम्मानित।
संप्रति : वरिष्ठ लेखा परीक्षा अधिकारी (से.नि.) कार्यालय महालेखाकार (उ.प्र.)
संपर्क : 1450/23-47-75 एफ़, क़िदवईनगर, अल्लापुर, इलाहाबाद-211 006.
दूरभाष : 0532-2501538; **मोबाइल** : 94504-04404

दो दर्पण हैं, मध्य में, चेहरा है बस एक।
छायाएँ अगणित बनीं, धुँधलापन अतिरेक।।

नीचे सिल्ली बर्फ़ की, ऊपर बिछी बिसात।
इस शतरंजी चाल में, दोनों की ही मात।।

कुर्सी पर बौना चढ़ा, होने लगा गुमान।
कुर्सी के आकार का, उसे न कुछ था ज्ञान।।

चींटी के परिवार-सा, बौनों का माहौल।
लपक वहीं पर जा चढ़े, जहाँ दिखे कुछ डौल।।

रामराज की आस में, रामभरोसे त्रस्त।
रामराज के नाम पर, रामलला हैं मस्त।।

जिनके-जिनके गुट बने, वे ही कवि सरदार।
सरकारी-माध्यम करें, उनका ख़ूब प्रचार।।

गेंदा पगड़ी बाँधकर, बार-बार बलि जाय।
सरसों नाच दिखा रही, पछवा सँग बल खाय।।

रोम-रोम से फूटकर, बह निकला अनुराग।
आम्र-मंजरी बज उठी, कोयल गाती फाग।।

जो पतंग थी नाचती, जैसे वन में मोर।
डूब गयी आकाश में, कटी अचानक डोर।।

मानव से तरुवर भले, आता पुनः वसन्त।
यौवन बहुराता नहीं, एक बार में अन्त।।

बाग़-बग़ीचों में मचा, सतरंगा त्योहार।
फूलों पर उतरा यहाँ, इन्द्रधनुष साकार।।

बिछा गलीचा घास का, आयी चंचल धूप।
इठलाती-सी चल रही, लेकर रंग अनूप।।

चंचल लहरें हैं कभी, कभी शांति गंभीर।
समझ नहीं पाया जलधि, कभी नदी की पीर।।

जिसने खंडित नींव पर, किया भवन-निर्माण।
उसका तो अब करेगा, ईश्वर ही कल्याण।।

बहरों को कुर्सी मिली, गूँगों को अधिकार।
अंधों को दर्पण दिये, लूलों को हथियार।।

पुरस्कार के हेतु सब, तन-मन-धन कुर्बान।
अभिनंदन अपना करें, अपना ही गुणगान।।

कृष्ण मित्र

जन्मतिथि : 15 अक्टूबर, 1934, गुजराँवाला, (अब पाकिस्तान में)

शिक्षा : एम.ए. हिन्दी

प्रकाशन : गीत, कविता विधा की डेढ़ दर्जन पुस्तकें प्रकाशित

सम्मान : विभिन्न राष्ट्रीय संस्थाओं द्वारा सम्मानित एवं पुरस्कृत।

संप्रति : काव्य-साधना

संपर्क : 1, लायर्स चैम्बर, तहसील कम्पाउण्ड, गाजियाबाद, (उ.प्र.)

मोबाइल : 09818201978

कल्प वृक्ष से माँगकर मिलते ज्यों वरदान।
उसी तरह सब कुछ हमें देते हैं भगवान।।

बालक ध्रुव की भक्ति से मिला यही निष्कर्ष।
निष्ठा के बल पर सदा होता है उत्कर्ष।।

परनिन्दा, परदोष और बस खुद की तारीफ़।
इनसे बचकर जो रहे उसको कहें शरीफ़।।

देखो अपने दोष तुम, करो सभी का मान।
रखो याद प्रभु को सदा, तब मिलते भगवान।।

सत्य, अहिंसा, नाम-जप, तीनों पर हो ध्यान।
तो जग में पा जाओगे, जीवन का सम्मान।।

परचर्चा, नेतागिरी, या फिर वाद विवाद।
तीनों से बचकर रहो, होता दूर विषाद।।

उच्छृंखल, पापी पुरुष या आलस का यार।
तीन दया के पात्र हैं, यह है सत्य विचार।।

लोभ, दम्भ, अभिमान से रहो सदा भयभीत।
तो निश्चित पा जाओगे परम पिता की प्रीत।।

परनारी, परसम्पदा, परनिन्दा का भाव।
दूर रहे तो एक दिन, पार लगेगी नाव।।

शुद्ध वायु में हो भ्रमण, नियमित हो आहार।
स्वस्थ रहेगा वह मनुज, करे सुपथ्य विचार।।

दुराचार, और झूठ का करे सदा जो त्याग।
कूटनीति से दूर हो तो होगा अनुराग।।

आत्मशक्ति, भगवत्कृपा, शरणागति भगवान।
ये सब जीवन मूल्य हैं इनको लो पहचान।।

रहा निभाता कर्म जो सदा धैर्य के साथ।
उसी व्यक्ति का एक दिन भाग्य पकड़ता हाथ।।

कोई नहीं सुनता यहाँ झूठे तीखे बोल।
रे मूरख कुछ तो समझ, तोल मोल कर बोल।।

रखो गुप्त शुभ मन्त्रणा, अपना पुण्य प्रताप।
या कि पराए दोष को कहना ही है पाप

शास्त्र विरोधी आचरण, कभी न कीजे मित्र।
मटमैला हो जाएगा वरना जीवन-चित्र।।

खन्ना मुज़फ़्फ़रपुरी

मूल नाम : प्रह्लाद नारायण खन्ना

जन्मतिथि : 21.3.1931 (इलाहाबाद)

शिक्षा : बी.ए.

लेखन-विधाएँ : ग़ज़ल, दोहे आदि।

प्रकाशन : ग़ज़ल-संग्रह 'तन्हा-तन्हा मुझे ज़िंदगी मिली'। अनेक पत्र-पत्रिकाओं में रचनाएँ प्रकाशित।

सम्मान : 'कलाश्री' एवं 'संगीत गौरव'।

संप्रति : संस्कार भारती संस्था के नगर अध्यक्ष, संस्थापक- 'साहित्यिक अंजुमन'।

संपर्क : 1/डी-1, ब्लू आर्च, कान्वेंट एवेन्यू, चार बंगला, अँधेरी (प.), मुंबई-53.

दूरभाष : 022-26355622; **मोबाइल** : 93245-57634.

हिन्दी पुष्प गुलाब है, उर्दू बसी सुगंध।
अलग करो कैसे इसे, कुदरत का संबंध।।

हिन्दी तो गंगा भई, उर्दू जमुन कहाय।
दोनों मिल संगम भया, डुबकी लेहु लगाय।।

सच्चा हो जो हिन्दवी, क्या उसकी पहचान।
गीता के ही साथ वो, सर पर रखे कुरान।।

कहीं कीर्तन हो रहा, होती कहीं अज़ान।
हिलमिल कर होवे जहाँ, वो ही हिंदुस्तान।।

नानक-तुलसी-जायसी, औ' कबीर-रसखान।
मालिक सबका एक है, सबने दिया बयान।।

कलमा कभी पढ़ा नहीं, गये न मस्जिद माँहि।
दिल से मुस्लिम हम भये, वैसे हिन्दु कहाँहि।।

'खन्ना' लेकर हाथ में, आज खड़ा कशकोल।
हिन्दू-मुस्लिम डाल दो, मिलकर प्यार अमोल।।

जग में केवल स्वार्थवश, चलते पीछे लोग।
जहाँ स्वार्थ पूरा हुआ, भागे सुविधा-भोग।।

कौन यहाँ पर संत है, कौन पुरुष है सिद्ध।
है आवश्यक जानना, कितने इसमें गिद्ध।।

जीवन मिल समझा नहीं, तू क्या जीवन-सार।
श्वान समझता है इसे, पूँछ हिला उपकार।।

सुख के साथी अनगिनत, दुख में कोऊ नाँहि।
शुभचिंतक जो दुःख में, डाल फिरे गलबाँहि।।

धन-दौलत औ' विद्वता, का मत करो घमंड।
जाने कब आ जाय फिर, झंझावात-प्रचंड।।

'खन्ना' कुछ अंतर नहीं, निर्धन या धनवान।
नग्न सभी पैदा हुए, रोये एक समान।।

मतलब सबका एक है, कहो ख़ुदा या राम।
नाम अलग का ही दिखे, बस ख़ूनी अंजाम।।

मानुष जीवन पाय के, सीखा ना व्यवहार।
चौपाया बन जी रहे, मनुष हुए बेकार।।

माँ जैसा कोई नहीं, माने यह संसार।
जन्मदायिनी का कभी, भूल नहीं उपकार।।

डा. गणेशदत्त सारस्वत

जन्मतिथि : 10.9.1936 (बिसवाँ, सीतापुर, उ.प्र.)

शिक्षा : एम.ए. (हिंदी व संस्कृत), पी-एच.डी.

प्रकाशन : 11 काव्यग्रंथ व 18 गद्यग्रंथ प्रकाशित।

सम्मान/पुरस्कार : उ.प्र. हिंदी संस्थान लखनऊ द्वारा साहित्यभूषण समेत देश की विभिन्न शिखर संस्थाओं द्वारा सम्मानित एवं पुरस्कृत।

संप्रति : पूर्व अध्यक्ष, हिंदी विभाग, आर.एम.पी. स्नातकोत्तर महाविद्यालय सीतापुर, वर्तमान में अध्यापन एवं साहित्य सर्जन।

विशेष : 'मानस-चंदन' (रामकथापरक त्रैमासिक पत्रिका) का संपादन एवं प्रकाशन।

संपर्क : 'सारस्वत सदन', सिविल लाइंस, सीतापुर-261 001 (उ.प्र.)

दूरभाष : 05862-244402; **मोबाइल :** 94503-75492

जागरूक हों हम सभी, करें प्रदूषण बंद।
अगर चाहते हैं मिले, पग-पग परमानंद।।

केवल भौतिक ही नहीं, वैचारिक हो शुद्धि।
परहित में रत रह सके, प्रभु दें ऐसी बुद्धि।।

दोहा हो या सोरठा, या कुंडलिया छंद।
रचना वही सराह्य जो, दे सबको आनंद।।

मात्र मनोरंजन नहीं, कलाकार का ध्येय।
करे परिष्कृत वृत्ति जो, वह ही है श्रद्धेय।।

सुरसरि-सा हितकर सदा, कालजयी साहित्य।
जन-जन को है मोहता, भर देता लालित्य।।

यदि कविता में ताल-तुक, स्वर-लय का न विधान।
तो वह शून्य प्रभाव है, उसे निरर्थक जान।।

इसीलिए वे कर रहे, श्रद्धा का अपमान।
कल्पित कहते राम को, बनते प्रज्ञावान।।

राम हमारे प्राण हैं, जीवन के आधार।
श्वास-श्वास में हैं मुखर, स्पंदन में साकार।।

सहनशीलता का नहीं, कायरता है अर्थ।
हमें छेड़कर बच सके, ऐसा कौन समर्थ।।

शरणागति श्रीराम की, उपजाती है तोष।
ऋद्धि-सिद्धि देती, सभी हर लेती है दोष।।

तथ्य न विस्मृत हो कभी, पथ्य बने यह कथ्य।
रामनाम ही सत्य है, रामनाम ही सत्य।।

भूमि क्षरण को रोकना है कर्तव्य महान।
नहीं प्रमादी हम बनें, रुके नहीं अभियान।।

रह न सकेगा अन्न बिन, जीवित यह संसार।
मच जायेगा विश्व में भीषण हाहाकार।।

केवल चिंता ही नहीं, चिंतन हो अविराम।
घोर विसंगतियाँ तभी, होंगी दूर तमाम।।

मिली विरासत जो हमें, उसको रखें सँभाल।
अन्नपूर्णा-सी धरा, रही सभी को पाल।।

आदितत्त्व है सृष्टि का, प्रभु का नीर-स्वरूप।
'चरैवेति' का मंत्र है, जाग्रत सुखद अनूप।।

पं. गिरिमोहन गुरु

जन्मतिथि : सन् 1943 की चैत्र कृष्ण द्वितीया (ग्राम गनेरा)

शिक्षा : एम.ए., साहित्य विशारद, धर्मरत्न।

प्रकाशन : मुझे नर्मदा कहो (नवगीत-संग्रह), बाल रामायण, द्वादश ज्योतिर्लिंग चालीसा।

सम्मान/पुरस्कार : अनेक संस्थाओं द्वारा सम्मानित एवं पुरस्कृत।

विशेष : संस्थापक- शिव संकल्प साहित्य परिषद, होशंगाबाद (म.प्र.)

संप्रति : स्वतंत्र लेखन।

संपर्क : हाउसिंग बोर्ड, होशंगाबाद।

दूरभाष : 07574-257153; **मोबाइल** : 94251-89042

देहों के अरविंद में, हुए भ्रमर मन बंद।
मनमानी करने लगे, तबसे भौतिक छंद।।

नित प्रति निशि को मरण है, नित प्रभात को जन्म।
अत: कीमती हर दिवस, याद रखें आजन्म।।

पहली सीढ़ी प्यार की, लाँघ न पाये लोग।
उनका ही ऐलान है, प्रेम योग है रोग।।

अपनी-अपनी ढपलियाँ, अपने-अपने राग।
कोई डूबा नीर में, कोई पीता आग।।

देह, नेह के नाम से करती है व्यापार।
शब्द देहरी तक रहा, केवल लोकाचार।।

जीवन के निर्माण का, सिर्फ़ एक ही अस्त्र।
करो प्रार्थना ईश की, छोड़ अहम का शस्त्र।।

देंगे दर्शन देवता, आयेंगे दिल-द्वार।
मन चबूतरा साफ़ कर, दे निज प्यार बुहार।।

परम सत्य है मुत्यु यह, जीवन है भ्रम जाल।
जग के नाते की तरह, प्रभु से नाता पाल।।

जली ज़िंदगी इस तरह, जैसे जलता काठ।
जलकर ही उजली हुई, दिखी सत्य की बाट।।

पाया पावक ज्ञान का, जला झूठ का काठ।
जलकर ही उजली हुई, दिखी सत्य की बाट।।

मन के गहन तमिस्र में, फैला नव आलोक।
अब कैसी उर खिन्नता, कैसा मन में शोक।।

प्रश्न यक्ष के सामने, उत्तर खड़े अनेक।
सब के दृग में दीनता, सबके चेह्रे एक।।

सम्मानित होने लगा, छंदों का परिवार।
दस्तक देने आ गए, दोहे देह्री द्वार।।

सरि तट का तरु जानता, गहराई का भेद।
या वह नौका जानती, जिसके तल में छेद।।

संदेहों की देह में, जबसे उगे बबूल।
खिल पाते तबसे नहीं, विश्वासों के फूल।।

कब बारूदी खेत में, उगे शांति के फूल।
जितने रोये दृग यहाँ, उतने फले बबूल।।

डा. गिरिराजशरण अग्रवाल

जन्मतिथि : 14.7.1944 (संभल, मुरादाबाद, उ.प्र.)।
शिक्षा : एम.ए., पी-एच.डी. (हिंदी)।
लेखन-विधाएँ : गीत, ग़ज़ल, कहानी, एकांकी, निबंध, हास्य-व्यंग्य, बालसाहित्य एवं समालोचना।
प्रकाशन : विभिन्न विधाओं में संपादित एवं मौलिक लगभग डेढ़ सौ पुस्तकें।
सम्मान : विभिन्न प्रतिष्ठित संस्थाओं द्वारा सम्मानित एवं पुरस्कृत।
संप्रति : सेवानिवृत्ति के पश्चात साहित्य-सेवा में रत।
संपर्क : 16, साहित्य-विहार, बिजनौर (उ.प्र.)-246 701.
दूरभाष : 01342-263232; **मोबाइल :** 93681-41411.

ख़त तो भेजा आपने, पर भेजा गुमनाम।
एक पहेली बन गया, प्रियवर का पैग़ाम।।

भेदभाव को भूलकर, देखगा जिस ओर।
पलभर में जुड़ जायगी, संबंधों की डोर।।

लक्ष्य अलग थे, किंतु हम, चले मिलाकर हाथ।
संघर्षों के पंथ पर, कभी न छोड़ा साथ।।

लहरों से लड़ना तुझे, इस सच को मत भूल।
संघर्षों के शूल भी, बन जाएँगे फूल।।

नदी उफनती ज़िंदगी, तेज़ हवा की चाल।
बिछे हुए हैं दूर तक, मछुआरों के जाल।।

दूर देश, रस्ता विलग, पिया मिलन की आस।
रात हुई, भटकी दिशा, कैसे आऊँ पास।।

धुआँ-धुआँ वातावरण, धुआँ-धुआँ दिन-रात।
झुलसे-झुलसे खेत हैं, ले आओ बरसात।।

नस-नस में भरने लगी, कड़वी-कड़वी बात।
शहर नहीं भाता मुझे, लौट चलो देहात।।

खुशी जगत में बहुत हैं, मगर शर्त है एक।
संघर्षों के राज्य में, करो कर्म-अभिषेक।।

उपवन-उपवन खिल सकें, प्यार-प्रीत के फूल।
द्वेष, दंभ, पाखंड को, भूल सके तो भूल।।

मेरा मन भगवान है, मेरा मन शैतान।
बाँट दिया किस लोभ ने, टुकड़ों में इंसान।।

चंदन-वन में रात-भर, ऐसी भड़की आग।
क्षार-क्षार जीवन हुआ, भूला राग-विराग।।

सौंपी क्यों तुमने मुझे, सपनों की सौग़ात।
पल-पल घुलता जा रहा, मेरा नन्हा गात।।

मेरे घर खिलने लगे, प्यार-प्रीत के फूल।
मिट जाएँगे एक दिन, उग आए जो शूल।।

भाग-दौड़ के बीच में, रिश्ते बहुत उदास।
बुझ पाएगी किस तरह, प्यार-प्रीति की प्यास।।

करुण बहुत है ज़िंदगी, पीड़ा इसकी रीत।
पलभर में रुक जायगा, साँसों का संगीत।।

डा. गोपाल बाबू शर्मा

जन्मतिथि : 04.12.1932 (अलीगढ़-उ.प्र.)
शिक्षा : एम.ए., पी-एच.डी. (हिंदी)
प्रकाशन : दोहा, हाइकु, ग़ज़ल, कविता, लघुकथा, निबंध एवं व्यंग्य विधा पर डेढ़ दर्जन से अधिक पुस्तकें प्रकाशित।
सम्मान/पुरस्कार : विभिन्न संस्थाओं द्वारा सम्मानित।
संप्रति : श्री वार्ष्णेय पोस्ट ग्रेजुएट कालेज, अलीगढ़ के हिंदी विभाग में रीडर पद से सेवानिवृत्ति के बाद स्वतंत्र लेखन।
संपर्क : 82, सर्वोदय नगर, सासनी गेट, अलीगढ़-202 001(उ.प्र.)

सच सौ आँसू रो रहा, झूठ मनाता मोद।
सौदागर ईमान का, बैठा सुख की गोद।।

पहन रही हैं आजकल, रातरानियाँ ताज।
आँगन की तुलसी मुई, हुई उपेक्षित आज।।

जीते जी जिसके लिए, लोग बिछाते खार।
उसके शव को पूजते, चढ़ा पुष्प का हार।।

बगुले पाते हैं यहाँ, बार-बार सम्मान।
हंस उपेक्षित ही मरें, अपना देश महान।।

ख़ोल चढ़ी इंसानियत, छद्म भरा व्यवहार।
बस मौखिक संवेदना, मुँह देखे का प्यार।।

काँटे हैं ख़ुशहाल अब, पीड़ा भोगें फूल।
अहसासों का दम घुटे, डूब रहे हैं कूल।।

शीशमहल विश्वास का, होकर चकनाचूर।
किर्च-किर्च रग-रग बसा, दुखता बन नासूर।।

अभी अँधेरे घिर रहे, दूर बहुत है भोर।
ताक लगाए राह में, बैठे हैं ठग-चोर।।

पानी अब दुर्लभ हुआ, पानी नज़र न आय।
जिसमें है पानी तनिक, वह मानस दुख पाय।।

नैतिकता अब हो गई, चारों खाने चित्त।
भ्रष्टों की रक्षा करें, सुरा, सुंदरी, वित्त।।

चंद्र-बिंब-सी ज़िंदगी, इतनी-सी तफ़सील।
चाँदी का सिक्का गिरा, मानो गहरी झील।।

पनघट अब मरघट बने, हुईं हिलोरें लोप।
गर्म हवाओं ने जड़े, तीखे, कटु आरोप।।

बादल भी करते बहुत, सौतेला व्यवहार।
मरुथल तो प्यासे रहे, सागर पाते प्यार।।

हुई फ्रैंडशिप आजकल, काग़ज़ का रूमाल।
हाथ पोंछकर फेंकते, मन में नहीं मलाल।।

व्यर्थ रहे बहुमूल्यता, भले बड़ा हो नाम।
रत्नों से चक्की भली, आती सबके काम।।

बच्चे यदि खोएँ कहीं, है साधारण बात।
अब बूढ़े होने लगे, घर में गुम-अज्ञात।।

डा. गौरीशंकर श्रीवास्तव 'पथिक'

जन्मतिथि : 01.7.1939 (कीडगंज, इलाहाबाद, उ.प्र.)
शिक्षा : एम.ए. (हिंदी), साहित्यरत्न, कलारत्न, धर्मरत्न, डी.एच.एम., डी.एन.टी.।
प्रकाशन : विभिन्न विधाओं में 9 कृतियाँ प्रकाशित।
संप्रति : प्रांतीय कार्यकारी अध्यक्ष- म.प्र. आंचलिक साहित्यकार परिषद; निदेशक- अरविंद प्रकाशन केंद्र सतना; संपादक- द्वैमासिक पत्रिका 'भावार्पण' सतना; ज़िला अध्यक्ष- इंडियन प्रेस कौंसिल, सतना।
संपर्क : 'पथिक कुटीर', जवाहरनगर, गली नं.-5, सतना (म.प्र.)।
मोबाइल : 98276-25916.

प्रेम-प्रीत की डोर में, नहीं बँधा जो कोय।
मन कठोर उसका रहे, दया न किंचित होय।।

सबकी करनी देखता, ऊपर वाला मौन।
करनी का फल मिलेगा, बचा सकेगा कौन।।

वही प्रेम सोपान चढ़, पाये शांति अपार।
सबका प्रिय हो जायगा, भोगे सुख संसार।।

राम-रहीम मदांध हैं, विकृत मन के गाँव।
ऐसे में पीपल तले, कहाँ मिलेगी छाँव।।

बही प्रदूषण की हवा, सौरभ गयो बिलाय।
पसरी कैक्टस सभ्यता, कहाँ गुलाब खिलाय।।

'पथिक' न विचलित हो कभी, बस सबसे अनुरोध।
प्रेम पंथ पर ही बढ़े, तजकर सकल विरोध।

यह भवसागर अगम है, सुगम नहीं हर बात।
सामंजस्य बिठा सके, काटे झंझावात।।

निजश्रम से जो भी मिले, उसका ले आनंद।
नहीं पराये के लिए, अपनाये छल-छंद।।

'पथिक' पंथ काँटों भरा, कितने हैं जंजाल।
पर संयम संतोष से, कट जाये हर जाल।।

'पथिक' राह चलते हुए, सबसे प्रेम निभाय।
छोटे-बड़े न देखकर, सबको गले लगाय।।

करनी का फल मिलेगा, क्यों भरते हो आह।
पौधा रोपे बेर का, क्यों श्रीफल की चाह।।

विषय-वासना में फँसे, दंभी राजा लोग।
हुए काल-कवलित सदा, करनी का फल भोग।।

काँव-काँव करने लगे, आया पीतर पक्ष।
कौवों की बारात में, हंस दबा प्रत्यक्ष।।

नियम प्रकृति ने छोड़कर, अपनी बदली चाल।
मानव फँसता जा रहा, खुद अपने ही जाल।।

यह कलयुग है कह गये, जिसको ज्ञानी संत।
सब कुछ जायेगा बदल, पग-पग मिले महंत।।

साथ न कुछ भी जायगा, रह जायेगा नाम।
फिर क्यों खोटे कर्म कर, व्यर्थ होय बदनाम।।

चंद्रभानु मिश्र

जन्मतिथि : 13.5.1964 (सहसपुर पट्टी, प्रतापगढ़, उ. प्र.)

शिक्षा : एम.ए. (प्रा. इतिहास, शिक्षाशास्त्र), एम.एड.।

लेखन-विधाएँ : गीत, दोहे आदि।

प्रकाशन : गीत-संग्रह : 'नागफनियों के गुलाब' व ' अल्पनाएँ भावों की'।

संप्रति : अध्यापक, दि.न.नि. शिक्षा विभाग।

संपर्क : एच-49, सेक्टर-12, प्रतापविहार, ग़ाज़ियाबाद।

मोबाइल : 98683-71195.

हुईं हमारे गाँव की, लोकधुनें कमज़ोर।
चौराहों पर बज रहा, सेक्सी-सेक्सी शोर।।

अब तो कपड़े पहनकर, नारी लगे उघार।
जिसे देखकर हृदय में, उठ जाता है ज्वार।।

चित्रहार को देखकर, मन में उठे हिलोर।
अनुशासन हर अंग का, हो जाता कमज़ोर।।

आज सिनेमा में दिखे, नारी का वह रूप।
जिसको पुरखे कहे थे, नंगी और कुरूप।।

धन-वैभव की चाह में, कपड़े रहीं उतार।
नंगापन अब हो रहा, नारी का श्रृंगार।।

मॉडल बनकर बेटियाँ, आज हो गईं नंग।
इनके ही अनुसरण से, नारिवस्त्र हैं तंग।।

नारी के जिस रूप का, केवल था अनुमान।
उसी रूप में चल रहीं, ये सब सीना तान।।

नग्न नारियों से सजे, अख़बारों के रूप।
नहीं दिख रही गाँव की, गोरी कहीं अनूप।।

लोगों के कैसे हुए, चाल-चलन व्यवहार।
भाभी के अपहरण को, लछमन हैं तैयार।।

कैसे होगा देश का, सोचो प्रिय कल्यान।
चौराहों पर राम है, सड़कों पर हनुमान।।

यदि मेह्नतकश आदमी, कुछ कम में पट जाय।
दिल्ली वाले समझ लें, फँसा बिहारी आय।।

जनता की चिंता किसे, रोज़ बढ़ाते दाम।
उनके घर में भोर है, इनके घर में शाम।।

कुदरत से सुंदर भला, कौन दे सके रूप।
सुंदरता मिलने लगी, पैसे के अनुरूप।।

आज पार्लर आड़ में, फले देह व्यापार।
मैं इसको कहता नहीं, कहते हैं अख़बार।।

सुंदरता इसको कहें, या कह दें अंगार।
अंग-अंग दिखते जहाँ, कर सोलह श्रृंगार।।

जबसे वरमाला डली, वहाँ हुई फुटबाल।
बापू के घर में सदा, मैं थी वालीबाल।।

चिराग़ जैन

जन्मतिथि : 27.5.1985 (नई दिल्ली)।
शिक्षा : स्नातकोत्तर (पत्रकारिता)।
लेखन-विधाएँ : कविता, दोहे आदि।
प्रकाशन : कई पुस्तकें प्रकाशित।
संप्रति : पी-एच.डी. शोध में संलग्न।
संपर्क : 403/ई-1, मार्ग सं.-4, पूर्वी बाबरपुर, शाहदरा, दिल्ली-110 032.
मोबाइल : 98685-73612, 93115-73612.

रावण के व्यक्तित्व में, कुछ तो होगी बात।
जिसे मारने जन्म लें, तीन लोक के नाथ।।

महानगर में इस तरह, बदला हर त्योहार।
अब तोरण करते नहीं, खड़िया का श्रृंगार।।

कितना डवलप हो गया, ये पुरखों का देस।
चॉकलेट ने कर दिया, बरफ़ी को रिप्लेस।।

जबसे आँगन में हुए, दीवारों के ठाठ।
तबसे महँगे हो गए, छोटे-छोटे बाट।।

तितली, धुरवा, बीजुरी, पाला, सावन, कूप।
धीरे-धीरे धर रहे, इतिहासों का रूप।।

मानव अब क्यों हो गया, आख़िर बिल्कुल मौन।
तूने ही छलनी करी, दिव्य परत ओज़ोन।।

मेघों का जल घट रहा, सूरज उगले आग।
धरती धू-धू जल रही, मानव अब तो जाग।।

बात यहीं से हो शुरू, बात यहीं हो बंद।
जीवन को कुछ यूँ जियो, जैसे दोहा छंद।।

बिन कारण ताने सहे, बिन मतलब संत्रास।
पर उसने तोड़ा नहीं, बाबुल का विश्वास।।

बाबुल तेरी देहरी, जबसे छूटी हाय।
तबसे मन की बात बस, मन ही में रह जाय।।

दो नावों में ही रहें, बिटिया के दो पाँव।
ना ये अपना घर हुआ, ना वो अपना गाँव।।

सहना, घुलना, सिसकना, सुनना बात तमाम।
बिटिया की ससुराल में, कितने सारे काम।।

चिड़िया जब दुलहिन बनी, पेड़ हुआ कंगाल।
सूनी-सूनी-सी लगे, झूले बिन हर डाल।।

एक संग आकर कहें, कातिक औ' रमज़ान।
एक जिल्द में बाँध दो, गीता और कुरान।।

जगती को वरदान ये, दीजे माँ वागीश।
हर इक दीपक को मिले, सूरज से आशीष।।

कान्हा के किरदार का, कोई ओर न छोर।
इक पल में जगदीश है, इक पल माखनचोर।।

डा. जगदीश शरण

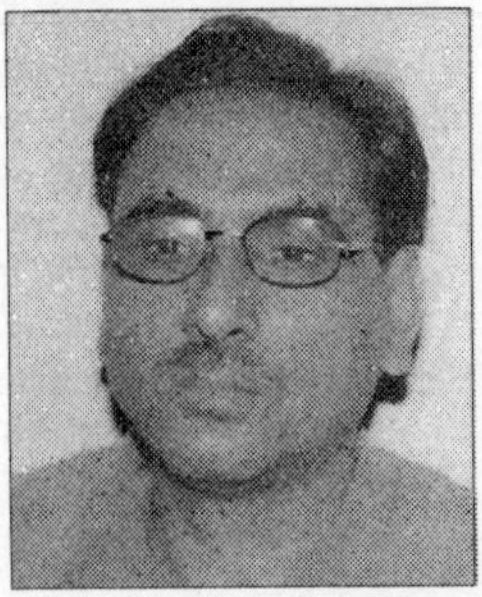

जन्मतिथि : 20.01.1960

शिक्षा : एम.ए. हिंदी, पी-एच.डी., पत्रकारिता में डिप्लोमा, जूनियर रिसर्च फैलोशिप अवार्ड, विज्ञापन और जनसंपर्क में डिप्लोमा। दो बार 'नेट' उत्तीर्ण।

लेखन-विधाएँ : दोहा, गीत, साक्षात्कार, निबंध आदि।

प्रकाशन : जय मुक्ति दूत (खंड-काव्य)।

प्रकाशनाधीन : कानन-विग्रह, मुकुर, नेता तेरे कई नाम, छर्रा बोले तो, चित्तौड़ तिलक, नील की बेटी, जीवन-युद्ध, सोमरजत, रैदास ग्रंथावली।

संप्रति : सहा. प्रोफ़ेसर, हिंदी विभाग, गवर्नमेंट पोस्ट ग्रेजुएट कालेज, कैराना (मुज़फ़्फ़रनगर)

संपर्क : डी-217, प्रेमनगर, लाइनपार, माता मंदिर वाली गली, मुरादाबाद (उ.प्र.)।

मोबाइल : 98373-08657

बिनु औसर बड़बोलना, बिनु गुन करै गुमान।
नैना, कुटिल, कुमारगी, तिनको गुनी न जान।।

जैसा बोया काटता, यही करम का मूल।
क्यों पाएगा फूल जब, बोया पेड़ बबूल।।

जीभ दिखावै नरक सब, जीभ मिलावै राम।
जीभ बिगारै काम सब, जीभ बनावै काम।।

'सरन' सभी मिलकै कहो, राजा रंक फ़क़ीर।
हिंदी मेरी आत्मा, हिंदुस्तान शरीर।।

अभिमानी को सीख कब, टेढ़ो- टेढ़ो जाय।
जैसे गगरी अधभरी, छलकत है अधिकाय।।

'सरन' पत नहीं छोड़िये, बिनु पत होवै दीन।
बिनु पत दोनों दीखते, मानुस बिरछ मलीन।।

आता है तो आन दे, जाता है तो जाय।
इन दोनों के फेर में, 'सरन' कौन सुख पाय।।

बनि मानस जु 'सरन' रहै, मानस ही तै दूर।
बनि मानस तिन्ह जानिये, बनि मानस वन कूर।।

विपदा मैं मत रोइये, विपदा सफल बनाय।
जस पावक मैं हेम तपि, अधिक खरो है जाय।।

बोलो मीठा ही 'सरन', भले लगै चहैं देर।
सबद तराज़ू जोखिये, लखत न कोई फेर।।

मधुर बोल ही जगत मैं, कहै 'सरन' समझाय।
ऐसो धड़ो जु अपसबद, पासँग देत मिटाय।।

जदपि होति दुइराज के, अधिक समय की हानि।
डरत करत दुइराज के, जड़मति होति सुजानि।।

मालिक चाकर को गनै, चाकर मालिक मान।
गेह जभी बाढ़ै 'सरन', बेल अकास समान।।

अपनी कहै न कछु सुनै, भली बिगरती बात।
'सरन' कबहुँ नहिं कीजिये, बड़बोले का साथ।।

मूरख तिन्ह जन जानिये, सीख न परत प्रभाव।
काग पढ़े जैसे 'सरन', तजै न कठिन सुभाव।।

मन तो यह मैला भया, कहाँ सफ़ेदी आय।
उजरो वसन उढ़ाइ कै, कागा ही कहलाय।।

डा. जगन्नाथ प्रसाद बघेल

जन्मतिथि : 12.8.1954 (ग्राम सीस्ता, ज़िला मथुरा)
शिक्षा : एम.एस-सी. (गणित), एम.ए. (हिंदी), पी.जी. डी. संचार व पत्रकारिता (हिंदी), पी-एच.डी.।
लेखन-विधाएँ : ग़ज़ल, दोहा, कविता आदि।
प्रकाशन : 1. स्वप्न और समय, 2. घुटने की पीर।
सम्मान : विभिन्न संस्थओं द्वारा सम्मानित।
संप्रति : स्वतंत्र लेखन।
संपर्क : डी-204, प्लैजेंट पार्क, दहिसर पुल के पास, दहिसर (प.) मुंबई-400 068.
मोबाइल : 98690-78485.

बंब बजी, ढोलक बजी, बजे ढोल ढप चंग।
फागुन की दस्तक भई, थिरकन लागे अंग।।

गली-गली टोली चली, उड़त अबीर गुलाल।
हुरियारे नाचत चलत, ठुमकि ताल बेताल।।

ब्रज की होरी के रहे, अजब निराले ढंग।
कहीं-कहीं महफ़िल जमी, कहीं-कहीं हुड़दंग।।

जौ-गेहूँ पीले भये, बाल गईं गदराय।
चना मटर अरहर फलीं, फागुन पहुँच्यौ आय।।

मन्नत क्यों पूरी हुई, कर बकरे कुरबान।
क्यों 'बघेल' सुनता नहीं, करुण चीख़ रहमान।।

बोली तो बोली रही, झरती रही मिठास।
बोली भाखी, बन गई, भाषा का इतिहास।।

अंग्रेज़ी की ज़ोर से, जबसे चली दुकान।
तबसे ही सहमे डरे, हिंदी के विद्वान।।

हर विदेश की चीज़ पर, देश रहा जब रीझ।
क्यों उतारते लोग तब, अंग्रेज़ी पर खीझ।।

श्रम करि थके न फल मिला, मन के मिटे न क्लेश।
यदि 'बघेल' फल चाहिए, आओ चलें विदेश।।

प्रतिभा झोली में लिए, मत भारत में डोल।
कर जुगाड़ परदेस चल, वहीं मिलेगा मोल।।

तन के सुंदर बहुत ही, मन के बड़े मलीन।
राजमहल तो पा गए, रहे संपदा-हीन।।

धन के बिन घरनी दुखी, दुखिया सधन ग्रहस्थ।
वर भी वही वरेण्य जो, धनपति, राज-पदस्थ।।

धन आए लालच बढ़ा, पद पाए अभिमान।
जिनका मन पर संतुलन, वे नर देव समान।।

धन पाए नीयत गई, पद पाए ईमान।
धन पद बिना 'बघेल' कब, कहा गया इंसान।।

धन साधन ऊँची पहुँच, या कि निकट संपर्क।
ग़लत सही, सच भी सही, झूठे तर्क-वितर्क।।

साँठगाँठ कर बच गया, था जिसका सब दोष।
अपराधी घोषित हुआ, बैठा जो ख़ामोश।।

ज़मीर 'दरवेश'

मूल नाम : ज़मीर उद्दीन

जन्मतिथि : 08.12.1943

संप्रति : सेवानिवृत्त अधीक्षक (उ.रे.), अब स्वतंत्र लेखन।

प्रकाशन : ग़ज़ल, गीत, दोहे, नज़्म व बाल साहित्य पर 15 पुस्तकें प्रकाशित

सम्मान/पुरस्कार : विभिन्न संस्थाओं द्वारा सम्मानित।

संपर्क : 'ग़ज़लकदा', ई-13/1, लक्ष्मीविहार, हिमगिरि कालोनी, काँठ रोड, मुरादाबाद-244 001 (उ.प्र.)

मोबाइल : 93584-41714

अकबर के नौ रत्न थे, मैं क्या करूँ गुरूर।
मेरे तो हर लाल को, रखा इल्म से दूर।।

अब ऐसा दिखता नहीं, कोई पीर-फ़क़ीर।
जो औरों की पीर को, समझे अपनी पीर।।

बेटी को रुख़सत किया, भर आये हैं नैन।
सुखी रहेगी वह अगर, हमें मिलेगा चैन।।

घोटालों में हाथ है, हिंसा में विश्वास।
ख़ूब उड़ाया जा रहा, बापू का उपहास।।

झाँसी की रानी हुई, या टीपू सुल्तान।
मेरे मन में है बहुत, दोनों का सम्मान।।

खा लेते हैं शौक़ से, चटनी हो या दाल।
समझ गये बच्चे तलक, घर का सारा हाल।।

देशभक्त हों जेल में, मज़े करें ग़द्दार।
वो चाहें हर देश में, कठपुतली सरकार।।

चादर चढ़े मज़ार पर, नंगे कई शरीर।
बात अक़ीदत की मियाँ, चुप ही रहो 'ज़मीर'।।

नेताजी दिल खोलकर, उगल गये हैं ज़ह्‌र।
देख जलेगा शह्‌र अब, बरसेगा अब क़ह्‌र।।

अब तो चाहत के सिवा, रहा नहीं कुछ काम।
लिखने बैठूँ और कुछ, लिखूँ तुम्हारा नाम।।

कैसा जादू कर रहे, गोरी तेरे नैन।
कभी उड़ाएँ होश ये, कभी उड़ाएँ चैन।।

मैं अपनी तक़दीर को, ख़ुद ही दूँगा दाद।
मुझसे रुतबे में बढ़े, गर मेरी औलाद।।

साजन के घर जा रही, बाबुल का घर छोड़।
यह जीवन का मोड़ है, सबसे सुंदर मोड़।।

मेरा घोड़ा काठ का, करूँ किस तरह सैर।
बेचारा टिक-टिक करे, उठा न पाये पैर।।

धधक रही दिल में अगन, नैनन बरसे नीर।
तुम क्या समझोगे सनम, मेरे मन की पीर।।

हाथी को पर्वत लगा, तपता रेगिस्तान।
आगे बढ़कर ऊँट ने, मार लिया मैदान।।

जय चक्रवर्ती

जन्मतिथि : 15.11.1958
(ग्राम कीरतपुर, ज़िला कन्नौज, उ.प्र.)
शिक्षा : मैकेनिकल इंजीनियरिंग में डिप्लोमा, हिंदी साहित्य में परास्नातक
लेखन विधाएँ : नवगीत, ग़ज़ल, मुक्तक, दोहे, समीक्षा आदि।
प्रकाशन : संदर्भों की आग (दोहा-संग्रह)। साथ ही प्रमुख पत्र-पत्रिकाओं में निरंतर प्रकाशन।
संप्रति : आई.टी.आई. लि. की रायबरेली इकाई में राजभाषा अधिकारी।
संपर्क : एम-1/149, जवाहर विहार, रायबरेली-229 010 (उ.प्र.)
दूरभाष : 0535-2700246; **मोबाइल :** 98396-65691

बूढ़े माँ-बापू बँटे, यूँ बेटों के बीच।
ज्यों शर्तें व्यापार की, दो सेठों के बीच।।

जाने किस उम्मीद पर, टिकी रही उम्मीद।
अपने श्री-सुख बाँटकर, सब दुख लिए ख़रीद।।

घृणा, अभाव, उपेक्षा, अपमानों के तीर।
शोक-पत्र-सी ज़िंदगी, अक्षर-अक्षर पीर।।

प्रतिबंधित लहरें लिए, सागर खड़ा उदास।
मन में उठते ज्वार का, कौन लिखे इतिहास।।

पढ़ी पीर की पोथियाँ, रटे व्यथा के गीत।
शायद आये लौटकर, मेरा बिछड़ा मीत।।

पानी वाली हो गईं, आँखें जब कंगाल।
जीवन सारा बन गया, खुद में एक सवाल।।

आँखों का पानी मरा, मरी हृदय की पीर।
रोम-रोम हम हो गये, पत्थर की जागीर।।

एक-एक कर हो गये, सब निर्वस्त्र उसूल।
आँखों पर जब से चढ़ी, क्रूर-स्वार्थ की धूल।।

आँसू अपने दर्द का, कैसे करे बखान।
जिनमें रहता था, वही आँखें रेगिस्तान।।

जीवन-मूल्यों का किया, हमने यूँ विध्वंस।
छूट गये पीछे सभी, क्या रावण, क्या कंस।।

जो पत्थर देता रहा, जितने गहरे घाव।
मंडी में उसके लगे, उतने ऊँचे भाव।।

पत्थर के इस शहर में, पत्थर के इंसान।
पत्थर के ही भक्तगण, पत्थर के भगवान।।

कौन सिसकियों का सुने, इस बस्ती में शोर।
चप्पे-चप्पे पर यहाँ, क़ायम आदमख़ोर।।

पाँवों में पहने सफ़र, हम भटके हर ठाँव।
इस पथरीले शहर में, मिली न स्नेहिल छाँव।।

सबके हाथों बरछियाँ, सबके दिल पर घाव।
करते कहाँ शिकायतें, देते किसे सुझाव।।

रोम-रोम पर रेंगते, अंतहीन उलझाव।
बता ज़िंदगी और हम, कितना सहें तनाव।।

जय भगवान गुप्त 'राकेश'

जन्मतिथि : 08.10.1943

शिक्षा : बी.कॉम., एम.ए. हिंदी

लेखन-विधाएँ : हाइकु, दोहे आदि।

प्रकाशन : हाइकु विधा में 6 पुस्तकें प्रकाशित।

सम्मान : विभिन्न संस्थाओं द्वारा सम्मानित।

संप्रति : पत्रकारिता व स्वतंत्र लेखन।

संपर्क : 1 एफ़-40 बीपी, एन.आई.टी. फ़रीदाबाद।

मोबाइल : 93101-81093

राजनीति के घाट पर, नेताओं की भीड़।
जिससे निज स्वारथ सधे, वही बनाए नीड़।।

सत्ता की चाबी मिले, रोज़ नई सौग़ात।
दिन में छप्पन भोग हैं, दीवाली हर रात।।

कड़ी बनी संघर्ष की, देश किया आज़ाद।
वो ही हिंदी आजकल, हमको रही न याद।।

हिंदी में ही बात हो, हिंदी में हों काम।
जनता को सुविधा बढ़े, चढ़े देश का नाम।।

करनी-कथनी एक-सी, जीवन खुली किताब।
ऐसे नेता आजकल, मिलते नहीं जनाब।।

कभी-कभी तो मानिये, बस इतनी-सी बात।
अपनी भाषा-देश से, नहीं बड़ी सौग़ात।।

बापू के इस देश में, हिंसा, मदिरापान।
ज़रा ध्यान से सोचिए, यह कैसा सम्मान।।

छोटा-सा इक देश है, देखो यह नेपाल।
हमसे अच्छा क्यों लगे, भाषा से खुशहाल।।

जनसंख्या तो नित बढ़े, घटता जाए मान।
और कहाँ तक जायगा, सोचो हिंदुस्तान।।

उद्यत थे बलिदान को, कहाँ गए वे लोग।
आज कपट से पा रहे, निज स्वारथ संजोग।।

हरि का भजन किया नहीं, न ही दीन से प्यार।
अपने हाथों कर लिया, यह जीवन बेकार।।

दाता को भूले नहीं, करे दीन सौं प्रीत।
वो सच्चा इंसान है, वो ही सच्चा मीत।।

कुछ तो ऐसा कीजिए, लोग करें फिर याद।
वरना तो रह जायगी, मानव तन बन खाद।।

शत्रु-मित्र पहचानिए, कभी न तजें विवेक।
जीवनभर चुभता रहे, ग़लत क़दम ही एक।।

ज्योतित रखें सुकर्म ही, जीवन का हर दीप।
जैसे आलोकिन करे, मोती-दाता सीप।।

आठ पहर, चौंसठ घड़ी, ख़ाली जिनकी जेब।
वशीभूत हो स्वार्थ के, रचते रोज़ फ़रेब।।

डा. जयशंकर शुक्ल 'किरण'

जन्मतिथि : 02.7.1970
(ग्राम व पो. सैदाबाद, ज़िला इलाहाबाद)
शिक्षा : एम.ए. (हिंदी व इतिहास), एम.एड., पी-एच.डी., नेट। जे.आर.एफ. साहित्यरत्न।
लेखन-विधाएँ : कविता, दोहे आदि।
प्रकाशन : 1. किरण (2005),
2. क्षितिज के सपने (2008)।
सम्मान : विभिन्न संस्थाओं द्वारा सम्मानित।
संप्रति : शिक्षक-हिंदी।
संपर्क : भवन सं.-49, गली सं.-06, बैंक कालोनी, नंद नगरी, दिल्ली-110 093.
मोबाइल : 99682-35647

दिनकर के आगमन से, पश्चिम दिशा निहाल।
तपन बुझी अनुराग में, कैसा हुआ कमाल।।

अपने-अपने घोंसले, विहग गए नभ फाँद।
सिंदूरी सपने लिए, मिला रात से चाँद।।

भर अंबर के थाल में, तारों वाले फूल।
रवि के स्वागत में निशा, गई सभी कुछ भूल।।

चंदा अपनी चाँदनी, बिछा रहा चुपचाप।
सुजन प्रशंसा स्वयं की, करें न अपने आप।।

चंदा की मनुहार पर, रजनी हुई निसार।
उधर विरह में लुट गया, चकवी का संसार।।

चंदा ऐसा लग रहा, ज्यों मुख ज्योत अपार।
तारों के गहने पहन, रात करे अभिसार।।

खुले गगन की राह में, बाज़ खड़ा मुस्तैद।
त्रस्त पखेरू माँगता, फिर पिंजरे की क़ैद।।

राजनीति के खेल में, चलते ऐसे दाँव।
यहाँ शकुनि कब हारते, थके धर्म के पाँव।।

पश्चिम में सूरज छिपा, संध्या हुई अनाथ।
आई विपदा में रहा, कौन किसी के साथ।।

घुटने सहज स्वभाव से, मुड़ें पेट की ओर।
अपनों को आपत्ति में, अपनों पर है ज़ोर।।

रिश्ते-नाते टूटते, निजता मलती हाथ।
अब कुछ दिन की बात है, हाथ न सूझे हाथ।।

धारावाहिक ने लिखा, ऐसा एक पुरान।
जो नातों से खेलती, ऐसी नारि महान।।

चित्रकार की तूलिका, चित्रकार के रंग।
चित्रकार का कैनवस, रचते विविध प्रसंग।

गाँव छोड़कर हम चले, महानगर की ओर।
सुविधाओं के लोभ में, छूटा मन का मोर।।

कोयल अब गाती नहीं, सुंदर मीठे गान।
वृक्ष कटे, कोटर गई, बचा सिर्फ़ अपमान।।

डोली में दुलहिन चढ़ी, जाय पिया के द्वार।
उर धड़कन आगे बढ़ी, पीछे छिके कहार।।

जितेन्द्र 'जौहर'

जन्मतिथि : 20.7.1971 (कन्नौज, उ.प्र.)
शिक्षा : एम.ए. (अंग्रेज़ी), बी.एड.
प्रकाशन : दर्जनाधिक समवेत संग्रहों में रचनाएँ सम्मिलित।
लेखन विधाएँ : समीक्षा, भूमिका, लघुकथा, आलेखादि (गद्य); गीत, ग़ज़ल, दोहा, मुक्तक, मुक्तछंदादि (काव्य)।
सम्मान/पुरस्कार : अनेक संस्थाओं द्वारा सम्मानित।
विशेष : आधा दर्जन रचनाएँ संगीतबद्ध।
संप्रति : अंग्रेज़ी अध्यापन, ए.बी.आई. कालेज, रेणुसागर, सोनभद्र (उ.प्र.)।
संपर्क : एन-33/6, रेणुसागर, सोनभद्र-231 218 (उ.प्र.)
मोबाइल : 94503-20472

मानसरोवर में मिला कौओं को सम्मान।
कोयल का इससे अधिक, क्या होगा अपमान।।

ये कैसा जंजाल है, कैसा है दुर्योग।
कविताई को लग गया, बुद्धिवाद का रोग।।

छंदमुक्त की काव्य में, जबसे चली बयार।
सौ-दो सौ से हो गए, कविगण बीस हज़ार।।

तुच्छ लतीफ़े, चुटकुले, फूहड़ हास्य-फुहार।
कवि-सम्मेलन में दिखी, कचरे की भरमार।।

मानस की चौपाइयाँ, जैसे माँ का प्यार।
जीवन का संबल कहो, या जीवन-आधार।।

जीवन ज्योतिर्मय हुआ, तम मिट गया समूल।
अनुकूलन करने लगीं, धाराएँ प्रतिकूल।।

रात अमा की कट गयी, उदित हुआ दिनमान।
मन-विहंग गाने लगा, नव उमंगमय गान।।

धुआँ-धुआँ होने लगी, शुद्ध हवा की आस।
हमने-तुमने आजकल, इतना किया विकास।।

संसद में बिकने लगे, खुलेआम ईमान।
हमने तो देखी नहीं, इतनी बड़ी दुकान।।

क्या बतलाऊँ मित्रवर, राजनीति का हाल।
कुर्सी पर क़ाबिज़ हुए, गुंडे-चोर-दलाल।।

मिली समूचे शहर को, दंगों की सौग़ात।
ख़ूँ से लथपथ दिन मिले, आँसू भीगी रात।।

मुल्ला बोला चीख़कर, 'काफ़िर है ये मार'।
उग्र भीड़ ने पेट में, ख़ंजर दिया उतार।।

धू-धू जलती बस्तियाँ, दंगाई आज़ाद।
यह सुनकर ख़ुश हो गए, सत्ता के सैयाद।।

चप्पे-चप्पे पर पुलिस, हथियारों से लैस।
सन्नाटा लिखने लगी, पल में आँसू गैस।।

दंगों में जलते नहीं सिर्फ़ दुकान-मकान।
इन दोनों के दरमियाँ, जलता हिंदुस्तान।।

धरती से अम्बर तलक, आदम का उत्पात।
क़ुदरत आख़िर कब तलक, झेलेगी आघात।।

ज़िया ज़मीर

जन्मतिथि : 07.7.1977 (सहारनपुर)

शिक्षा : एम.एस-सी. (गणित), एल-एल.बी.

प्रकाशन : विभिन्न पत्र-पत्रिकाओं एवं समाचार पत्रों में ग़ज़लें, नज़्में एवं लेख प्रकाशित।

संप्रति : अधिवक्ता (आयकर, वाणिज्यकर)

संपर्क : 'ग़ज़लकदा', ई-13/1, लक्ष्मीविहार, हिमगिरि कालोनी, काँठ रोड, मुरादाबाद-244 001 (उ.प्र.)

मोबाइल : 93190-53181

तेरी रहमत से भरा, यह सारा संसार।
फीकी माटी जन रही, फल मीठे रसदार।।

जनता भूखी मर रही, लगता तुझको भोग।
तू तो दीन-दयालु है, कब समझेंगे लोग।।

माँ की ममता मिल गयी, मिला पिता का प्यार।
सब कुछ तूने दे दिया, रब तेरा आभार।।

नेता रिश्वत ले रहे, इनको पकड़े कौन।
मूरत बापू की यही, सोच रही है मौन।।

गगन लगे है रात में, जैसे दुलहन दूर।
बिंदी पूरे चाँद की, तारों का सिंदूर।।

बीच दिलों के ऐ 'ज़िया', ऐसी पड़ी दरार।
दिनभर में ही उठ गयी, आँगन में दीवार।।

ग़ज़लों तक सीमित नहीं, जीवन का संगीत।
सब कुछ लिक्खो दोस्तो, नज़्में, दोहे, गीत।।

दुश्मन दे दे लाख पर, मत दे ऐसा यार।
जो मुँह पर तारीफ़ कर, करे पीठ पर वार।।

तुझ पर यूँ पथराव है, सुन ऐ मेरे यार।
मैं ठहरा काँटों भरा, तू ठहरा फलदार।।

चिश्ती, नानक, बुद्ध हैं, इस धरती की शान।
युग-युग जीवे दोस्तो, अपना हिंदुस्तान।।

तुझ-सा है जब रहम-दिल, इसका पालनहार।
फिर क्यों रहता है दुखी, मालिक यह संसार।।

करता हूँ जो पुण्य मैं, बन जाता वह पाप।
जोगी मुझको है लगा, कैसा यह अभिशाप।।

तेरी सूरत देखकर, पड़ती मुझमें जान।
तन-मन को पुलकित करे, तेरी हर मुस्कान।।

एक तरफ़ तो भूख से, जीवन है लाचार।
एक तरफ़ है लग रहा, दौलत का अंबार।।

धन अर्जित करने गये, साजन सरहद पार।
गोरी अब किसके लिए, करती है सिंगार।।

दूत प्रेम के हैं सभी, ग़ालिब, सूर, कबीर।
इनकी राहों पर चलो, तुम भी 'ज़िया ज़मीर'।।

डा. दरवेश भारती

जन्मतिथि : 23.10.1937

शिक्षा : एम.ए., पी-एच.डी. (संस्कृत)

प्रकाशन : ग़ज़ल एवं कविताओं की 7 पुस्तकें प्रकाशित एवं 6 पुस्तकें अनूदित।

सम्मान/पुरस्कार : हरियाणा साहित्य अकादमी व साहित्यकार मंडल द्वारा पुरस्कृत तथा अनेक संस्थाओं द्वारा सम्मानित।

विशेष : संपादक- ग़ज़ल के बहाने

संपर्क : डी-38, निहाल विहार, नई दिल्ली-110 041

मोबाइल : 92687-98930; 94165-14461.

घृणा पनपती है सदा, राजनीति में मीत।
उखड़े-उखड़े स्वर मगर, लगे मधुर संगीत।।

राजनीति से नीति यों, लुप्त हुई हे मीत।
बिना वसा के दूध से, ज्यों ग़ायब नवनीत।।

क्रूर, कुटिल, कटु, वक्र हैं, राजनीति के काम।
घर, परिवार, समाज का, कर दें काम तमाम।।

प्रस्तुत शासन-तंत्र में, ख़ूब बढ़ा उत्कोच।
काम न सँवरे इस बिना, प्रजा रही यह सोच।।

राजनीति के मंच पर, देखे अजब चरित्र।
दिखें उदार-विशाल पर, मन से निरे दरिद्र।।

घर-घर रावण बस रहे, राम करें बनवास।
स्नेह, दया, सुख, प्रेम की, किससे हो अब आस।।

हर नगरी हर गाँव में, पनप रहे अवतार।
खेतों में जैसे उगें, नाहक खर-पतवार।।

कौन किसी का है सखा, कौन किसी का मीत।
अर्थ-तंत्र में अर्थ से, देखी सबकी प्रीत।।

किया राम ने वन-गमन, होना था अभिषेक।
होनी ही जब हो प्रबल, तब क्या करे विवेक।।

कौन किसी का शत्रु है, कौन किसी का मीत।
जग में है व्यवहार से, सदा बैर या प्रीत।।

वर्षों जीवन जी लिया, आज हुआ महसूस।
काम न कोई हो सके, बिन परिचय, बिन घूस।।

पश्चिम ने ऐसा किया, औद्योगिक विनिवेश।
रही न संस्कृति-सभ्यता, अब भारत की शेष।।

वह घर स्वर्ग-समान है, जहाँ नहीं है क्लेश।
पुजते हैं माता-पिता, जैसे हों देवेश।।

वैज्ञानिक युग में हुआ, संस्कृति का यों ह्रास।
मानव से मानव करे, असुरक्षा का भास।।

काम बिगड़ता देखकर, ख़ूब जताया रोष।
आत्मनिरीक्षण जब किया, पाया खुद में दोष।।

आकर्षक, हँसमुख लगा, हर चेह्रा ऐ यार।
किंतु हृदय में था लिये, दर्दों का अंबार।।

दिनेश शुक्ल

जन्मतिथि : 01.01.1943 (खंडवा-म.प्र.)

प्रकाशन : ग़ज़ल-संग्रह- 'धूप का सफ़र' व 'मौसम तनी गुलेल'; दोहा-संग्रह- 'पानी की बैसाखियाँ' व 'जागे शब्द ग़रीब'।

सम्मान/पुरस्कार : हिंदी साहित्य सम्मेलन प्रयाग द्वारा 5000/- की राशि से 'साहित्य महोपाध्याय' की उपाधि से सम्मानित। इसके अतिरिक्त विभिन्न संस्थाओं द्वारा सम्मानित।

संपर्क : रामेश्वर रोड, जवाहरगंज, खँडवा-450 001 (म.प्र.)

दूरभाष : 0733-2225280

मुश्किल, दुख, कठिनाइयाँ, हिंसा, भय, आतंक।
हत्यारों की दृष्टि में, लोग गणित के अंक।।

पुलिस, सायरन, सीटियाँ, दंगा, कर्फ़्यू, रात।
आँसू, चीख़ें, सिसकियाँ, हत्यारों के साथ।।

क्या अजीब था हादसा, ले सपनों की लाश।
हत्यारे ख़ुद ही यहाँ, सपने रहे तलाश।।

घर, आँगन, गलियाँ, सड़क, शहर, गाँव, दिन, रात।
सब तक पहुँचे थे यहाँ, हत्यारों के हाथ।।

पीछा करती सिसकियाँ, माँ के जर्जर हाथ।
रहे नींद में भागते, हत्यारे दिन-रात।।

हर हत्या के बाद में, जंगल था भयभीत।
कटकर पेड़ों ने सुना, आरी का संगीत।।

सूरज भीगा ख़ून से, रोई हवा दहाड़।
गोली खा मौसम गिरा, अमराई की आड़।।

क़त्लगाह में हो गया, शहर एक तब्दील।
लाशों को ढोती रही, सर्द नमक की झील।।

हत्यारों के थे अलग, गुणा, भाग, मीज़ान।
टुकड़ों-टुकड़ों में बँटे, कैसे हिंदुस्तान।।

जीवन की चालाकियाँ, सीख न पाए लोग।
अब भी लोगों के लिए, हत्या थी संयोग।।

हत्या, कथा दुखांत थी, शब्द रक्त की धार।
हर हत्या के मूल में, लोहा बना विचार।।

साज़िश में शामिल रहे, अनगिन वाद, प्रसंग।
मुर्दाघर में रक्त का, था स्वाभाविक रंग।।

नहीं मृत्यु का था यहाँ, वंश, गोत्र, कुल, जात।
दीन, धरम के नाम पर, यह हत्या दिन-रात।।

भूख, ग़रीबी, रोटियाँ, हत्या, हिंसा, क्लेश।
बदले हैं आतंक के, क़िस्से सभी 'दिनेश'।।

हत्यारे तो खेलते रहे मौत का खेल।
जीवन इनके लिए था, पत्थर चढ़ी गुलेल।।

हत्यारों के पास था, हत्या का विज्ञान।
करुणा भरी विनम्रता, औ' भाषा का ज्ञान।।

देवी बी. नागरानी

जन्मतिथि : 11.5.1941 (कराची)

शिक्षा : बी.ए.

प्रकाशन : ग़ज़ल-संग्रह 'ग़म में भींजी खुशी' व 'चराग़े-दिल'। विभिन्न पत्र-पत्रिकाओं में रचनाएँ प्रकाशित।

सम्मान : अनेक संस्थाओं द्वारा सम्मानित।

संप्रति : शिक्षिका (न्यू जर्सी, यू.एस.ए.)

संपर्क : 586, Brittany Circle Nutely, New Jersey. 07110-3954 U.S.A.

भारत में– 9-डी, कार्नर व्यू सोसायटी, 16/33, रोड, बांद्रा (प.) मुंबई-400 050.

चोर-सिपाही घट बसे, अंदर थानेदार।
मन अपना ये बावला, बनता चौकीदार।।

ख़्वाहिश ने छोड़ा किसे, कौन यहाँ आज़ाद।
चंगुल से छूटा वही, सुनता है जो नाद।।

सुगम सफ़र हो ज़िंदगी, समझ सकूँ यदि सार।
जीते जी मरकर मुझे, करना दरिया पार।।

भूख, ग़रीबी खा गई, हुआ मनुज बेहाल।
धूप उमीदों की लिए, फिरता है कंगाल।।

सूनी-सूनी टहनियाँ, बता गईं हर राज़।
आदत से मजबूर है, ख़िज़ाँ न आती बाज़।।

इतना घर में शोर है, जैसे होती जंग।
सबकी अपनी राय है, सबके अपने रंग।।

ख़ैर-ख़बर लेते रहे, औरों की हम रोज़।
बेसुध ख़ुद अपने लिए, सके न ख़ुद को खोज।।

रिश्ते, रिश्ते कब रहे, उनमें पड़ी दरार।
उठी हुई है बीच में, नफ़रत की दीवार।।

होश कहाँ रहता किसे, होती जब तकरार।
कोई कैसे बच सके, तेग़ करे जब वार।।

बिकता है सच आज भी, कौड़ी के ही दाम।
क़समों में अब हो गए, कितने सस्ते राम।।

तन की भट्टी में भया, मनवा कुंदन ताप।
अच्छाई कब छिप सकी, अपना जौहर आप।।

जीवन-पथ पर झूठ-सच, मिलते हैं हर बार।
झूठ मिले जब सत्य से, उस पर करता वार।।

राधे-राधे कहत है, हर युग में बस श्याम।
कितनी राधा मन बसीं, ये तो जाने राम।।

लेने-देने का हुनर, कुछ तो तू भी सीख।
फैलाने से हाथ क्या, मिली किसी को भीख।।

खोज रही हूँ आपको, अपने अंदर आज।
बाहर भटकी उम्रभर, 'देवी' हुआ न काज।।

नतमस्तक मैं थी सुबह, सुनकर गीता पाठ।
शाम वही पंडित मिला, बदले तेवर ठाठ।।

आचार्य देवेन्द्र कुमार 'देव'

जन्मतिथि : 06.10.1952

शिक्षा : एम.ए. (संस्कृत), विद्या-वाचस्पति।

प्रकाशन : वंदे भारतम् (राष्ट्रीय काव्यायिका), स्वातंत्र्य वीर शतकम् (अनूदित काव्य), बांग्ला त्राण (ऐतिहासिक प्रबंध-काव्य), कथाएँ व्यर्थ हो गयीं (शोकांजलि)।

सम्मान/पुरस्कार : पानीपत साहित्य अकादमी (हरियाणा) से 'आचार्य' मानद उपाधि, अमेरिकी संस्था ए.बी.आई. द्वारा इंटरनेशनल डिस्टिंग्विश लीडरशिप अवार्ड 1998 समेत अनेक संस्थाओं द्वारा सम्मानित।

संप्रति : अर्धशासकीय सेवा।

संपर्क : 'नीलाक्षी विहार', 54/88, चौक, पूरनपुर-262 122 (पीलीभीत), उ.प्र.।

मोबाइल : 94128-70495, 93685-76836.

कनखी से शर छोड़ती, दृग की दुहरी चाप।
हँस-हँसकर मन का हिरन, गिरता अपने आप।।

भरे कुलाँचें रात-दिन, बोल-बोल पिक-बैन।
गौरांगी हिरनी हरे, रसिकों का सुख-चैन।।

देखें तो कड़वी लगे, अधर छुए छा जाय।
कृष्णकांता नायिका, बिना दूध की चाय।।

धन की चिंता में दबे, भूले हँसी ठठान।
अधरों पर बस रह गयी, बनावटी मुस्कान।।

धन के रहते तो लगे, सारी दुनिया संग।
धन के जाते ही सभी, रिश्ते-नाते भंग।।

'अर्थ' इंद्रियों को सखे!, रखे बनाकर दास।
खलती है यह दासता, धन न रहे जब पास।।

जो धन के रहते करें, उसका सत् उपयोग।
उन्हें उपेक्षा का कभी, लगे न घातक रोग।।

नये समय के 'कृष्ण' के, देखे नये कमाल।
बिस्तर-बिस्तर गोपियाँ, ड्योढ़ी-ड्योढ़ी ग्वाल।।

इस कलयुग के 'कृष्ण' हैं, 'डॉनों' के अवतंस।
नये-नये 'गुर' सीखते, हाथ जोड़कर 'कंस'।।

जिनके निर्धनता लिखी, विधि ने सोच-विचार।
उनकी काहे की ख़ुशी, काहे के त्योहार।।

जनता झेले बाढ़ को, या सूखे की मार।
पर अपनी तहसील में, रहती सदा बहार।।

हम तो पूर्ण विकास का, रखते हैं विश्वास।
करता इस विश्वास का, खंडन खंड-विकास।।

बातों की ही धूप है, बातों की ही छाँव।
नहीं मिलेगा और कुछ, राजनीति के गाँव।।

रीति-नीति सरकार की, देख गया दिल टूट।
नब्बे प्रतिशत 'लूट' पर, दस प्रतिशत की 'छूट'।।

कोई चाह न लालसा, कोई साथ न संग।
बिना प्रीति की ज़िंदगी, जैसे कटी पतंग।।

निष्ठाएँ घायल हुईं, बिखर गये आदर्श।
लोकतंत्र की जीत के, यही मिले उत्कर्ष।।

नागेन्द्र 'अनुज'

पूरा नाम : नागेन्द्र मणि मिश्र
जन्मतिथि : 13.10.1976
शिक्षा : एम.ए. (आई.जी.डी.) मुंबई।
प्रकाशन : 'तहत में' ग़ज़ल-संग्रह प्रकाशनाधीन।
लेखन-विधाएँ : कविता, दोहे आदि।
संप्रति : कला अध्यापक, मुनीश्वरदत्त इंटरमीडिएट कालेज, मानधाता, प्रतापगढ़।
संपर्क : इंद्रप्रस्थ मार्केट, बाबागंज, प्रतापगढ़।
मोबाइल : 98391-45000

बगुलों का दरबार है, नहीं हंस की ठौर।
कोयल तो मूर्च्छित पड़ी, कौवे हैं सिरमौर।।

मंज़िल पाने से उसे, रोक सकेगा कौन।
चींटी-सा श्रमशील जो, चींटी जैसा मौन।।

प्यास हमारी देखकर, नदी गई है सूख।
हरियाली ही खा गई, मौसम तेरी भूख।।

मैं ईश्वर कहता उसे, तुम कहते अल्लाह।
मंज़िल सबकी एक है, अलग-अलग है राह।।

हुआ समूचा देश ही, शोषण से कंगाल।
शोषित की धज्जी उड़ी, शोषक मालामाल।।

जीव, जगत, परमात्मा, तीनों का यह भेद।
काल भूरी गाय से, निकले दूध सफ़ेद।।

जो बाधाओं से कभी, होता नहीं निराश।
उसके स्वागत में सदा, झुकता है आकाश।।

तुम्हीं कहो, किससे कहें, अपने मन की पीर।
रद्दी में बिकने लगे, तूलसी-सूर-कबीर।।

दिन-दिन दुर्लभ हो चले, गुझिया-रंग-गुलाल।
महँगाई से पूछिए, त्योहारों का हाल।।

आँसू, यादें, बेबसी, उलझे हुए सवाल।
जाने क्या-क्या दे गया, छोटा-सा रूमाल।।

व्याकुल करता है मुझे, अक्सर एक सवाल।
कैसे कलुषित हो गए, चंदन वाले भाल।।

माथे पर चंदन लगा, या पीतांबर ओढ़।
दूर न होगा ढोंग से, तेरे मन का कोढ़।।

सुख, वैभव, धन, संपदा, सुयश, लाभ औ' जीत।
जीवनभर रहते नहीं, 'अनुज' किसी के मीत।।

मूर्च्छित है संवेदना, हृदय हुए पाषाण।
किसे सुनायें उपनिषद, गीता, वेद, पुराण।।

भूल गए हर चीज़ हम, लेकिन अब भी याद।
वो तेरी निश्छल हँसी, नयनों का संवाद।।

आँखों-आँखों में हुआ, कुछ ऐसा संकेत।
हरे-भरे दिखने लगे, सूखे-सूखे खेत।।

नित्यानंद 'तुषार'

जन्मतिथि : 31.10.1963
लेखन-विधाएँ : ग़ज़ल, दोहे आदि।
प्रकाशन : पाँच ग़ज़ल संग्रह प्रकाशित।
सम्मान : ए.बी.आई. रिसर्च बोर्ड यू.एस.ए. द्वारा मैन ऑफ दी इयर-2000
संपर्क : आर-64, सेक्टर-12, प्रताप विहार, ग़ाज़ियाबाद-201 009 (उ.प्र.)
दूरभाष : 0120-2742464, **मोबाइल** : 99680-46643

हरिया के ऊपर हुआ, मौसम का आघात।
टूटी-फूटी छान है, भीषण है बरसात।।

सत्ता की मदिरा मिली, पीकर हैं बेहोश।
वादे भी पूरे करें, रहा नहीं अब जोश।।

अपने क़द से भी बड़े, बच्चे करें सवाल।
कैसे उत्तर दें उन्हें, सबको यही मलाल।।

सत्य-अहिंसा सो गए, जागा अत्याचार।
गाँधी तेरे देश में, क्यों है हा-हाकार।।

आज मान्यवर हो गए, चर्चित है हर काम।
खादी से इज़्ज़त मिली, कल तक थे बदनाम।।

दिल की दुनिया देख ली, अब बाहर भी देख।
कोमल फूलों से निकल, अब पत्थर भी देख।।

हरे पेड़ मत काटिये, इनसे करिये प्यार।
हरे-भरे ये पेड़ हैं, धरती का शृंगार।।

दूषित है वातावरण, करिये कुछ उपचार।
पेड़ लगाकर कीजिए, पर्यावरण सुधार।।

पेड़ कटे हैं रात-दिन, पेड़ों पर हैं घाव।
धरती नंगी हो रही, मौसम में बदलाव।।

जिधर देखते हैं उधर, मिलता धुआँ अपार।
शहरों में ताज़ा हवा, मिलती नहीं 'तुषार'।।

सिर पे उसके बोझ था, जिसकी सुता जवान।
शादी तो कर दी मगर, बेचा गया मकान।।

विरहा की रातें चुभें, दिन लगते हैं तीर।
सपने टूटे हैं सभी, नयनों में है नीर।।

तार-तार कपड़े हुए, गोरी है बेहाल।
मुखिया उसके गाँव का, कहता उसको माल।।

जिसमें हम सब क़ैद हैं, तृष्णा ऐसा जाल।
तृष्णा की ख़ातिर हुआ, बुरा हमारा हाल।।

जो पाया वो खो दिया, ऐसी है तक़दीर।
फिर भी मन में है अभी, माया की तसवीर।।

मज़हब के आधार पर, खींची है दीवार।
मज़हब को जाने बिना, मज़हब का व्यापार।।

परमात्मा स्वरूप भारती

जन्मतिथि : 30.7.1943

शिक्षा : स्नातक

प्रकाशन : प्रश्न

लेखन विधाएँ : गीत, ग़ज़ल, दोहे, कहानी, कुंडलियाँ, मुक्तक आदि।

सम्मान : विभिन्न संस्थाओं द्वारा सम्मानित।

संपर्क : 105/5बी, 'उमंग', महानगर-।, पी.बी. रोड, बरेली।

आया मदन बसंत ले, फिर पतझर उच्छ्वास।
अंग-अंग में भर गई, चंदन गंध सुवास।।

फागुन का फगवा लगा, मदमाये सब अंग।
वे धीरज कैसे धरें, जिनके पिय नहिं संग।।

निज श्लाघा के हित अधिक, सब ही देते ध्यान।
साधु-संत पंडाल में, देते हैं व्याख्यान।।

सुख में नाता जोड़ते, दुख में जो अनजान।
मित्र नहीं, वे शत्रु हैं, हैं कपटी इंसान।।

भूखे पेट न हो सके, भगवन का भी ध्यान।
इसकी ख़ातिर लड़ रहा, मानव ज्यों है श्वान।।

कनकैया बस में रही, जब तक पकड़े डोर।
टूटी डोर पतंग की, फिर है किसका ज़ोर।।

बना दार्शनिक, जिस समय खड़ा बीच श्मशान।
घर आकर विस्मृत हुआ, बहुरि बखानी शान।।

पाथर से मूरत गढ़ी, दे श्रद्धा-सम्मान।
विनत आस्था समर्पित, बना दिया भगवान।।

भाव-समर्पण नहिं जगे, जिनके मन में आज।
व्यर्थ संपदा, जो नहीं आवे जन के काज।।

दिवास्वप्न-सी मधुर तुम, फिर कैसी यह घात।
अधर चषक मधु से भरे, निःसृत क्यों कटु बात।।

सुधियों में रूठे कभी, मना लिया प्रतियाम।
जैसे रूठी राधिका, मना रहे घनश्याम।।

नयन कटीले तीर से, मधुरस भरे अपार।
मौन मदिर मनमथ लसे, न्योत रहे अभिसार।।

सुखमय बेला नींद की, भुला दिया प्रभु नाम।
सिर धुनता अब खीझता, बिगड़े सारे काम।।

आशुतोष ने तोष से, पिया हलाहल घोर।
शिव जन के कल्याण हित, कैसे बने अघोर।।

जनता करे पुकार तो, ईश्वर उसके साथ।
हो सहाय दुख-दैन्य में, प्रभु तेरा ही हाथ।।

निष्कंटक जीवन कटे, बढ़े हर्ष-उल्लास।
रामनाम का जाप कर, चल उनके ही पास।।

पारसनाथ बुलचंदानी

जन्मतिथि : 04.02.1953

शिक्षा : एम.ए. (राजनीति विज्ञान), एम.बी.ए., डी.एल.एल., एल-एल.बी.

प्रकाशन : दो धार्मिक पुस्तकों का प्रकाशन। विभिन्न स्तरीय पत्र-पत्रिकाओं में रचनाएँ प्रकाशित।

संप्रति : शासकीय सेवा से निवृत्ति के बाद अब अधिवक्ता। साहित्यिक संस्था 'समर्पण' के अध्यक्ष।

संपर्क : 'गुरुप्रसाद', म.न. 1377/8, फ़रीदाबाद (हरियाणा)।

मोबाइल : 92112-16883

सेवा से आ जायगी, परमपिता की याद।
सद्‌गुरु के ये वचन हैं, इसमें नहीं विवाद।।

राधाजी के पास है, कृष्ण-कृपा का सार।
राधाजी की शरण में, सबका बेड़ा पार।।

राजा बोला एक दिन, यह सब है बेकार।
सर पर हरदम खड्‌ग है, कानों में जयकार।।

सोलह आने सच कही, बाबा तुमने बात।
भटकी अपना रास्ता, यह आदम की जात।।

लाख टके में बिक रहा, उल्टा-सीधा माल।
कौड़ी-कौड़ी बिक रही, यह लज्जा का हाल।।

अपने-अपने खेल में, सब भरते परवाज़।
सबका साईं एक है, क्या चिड़िया, क्या बाज़।।

बिन माँगे मत दीजिए, परामर्श औ' भीख।
वरना तू पछतायगा, यह अनुभव की सीख।।

साक्ष्य अगर बेमेल है, मत कीजे संताप।
एक कहानी शीघ्र ही, और सुनेंगे आप।।

सुख-दुख के इस खेल में, मन ऊबा है यार।
खोज करूँ आनंद की, जो जीवन का सार।।

भूला-भटका आ गया, सत्सँग में इक रोज़।
तबसे उसकी चल रही, अपने भीतर खोज।।

ज़िरह करी विश्वास से, श्रद्धा से तकरार।
फिर कहता है आदमी, मुझको हरि से प्यार।।

प्रोफेसर के पास है, दर्शन का अंबार।
फिर भी जीवन लग रहा, क्यों उसको बेकार।।

बोले हिंदी-दिवस पर, आकर मिस्टर जान।
सरकारी आदेश का, करना है सम्मान।।

अनबन का आधार है, अहंकार का बोध।
शनैः-शनैः बढ़ने लगा, दो पक्षों में क्रोध।।

हरिगुण कैसे गायँगे, महँगी रोटी-दाल।
स्विस बैंकों में जा रहा, हिंदुस्तानी माल।।

दुखती रग पर हाथ रख, करता है वह बात।
आँखों से होने लगी, बस यूँ ही बरसात।।

पुरुषोत्तम 'यक़ीन'

जन्मतिथि : 21.6.1957 (गढ़ीबाँदवा, करौली, राजस्थान)
शिक्षा : बी.एस-सी., आयुर्वेद रत्न, साहित्य रत्न। बी.जे.एम.सी. (जनसंचार एवं पत्रकारिता में स्नातक)।
प्रकाशन : ग़ज़ल-संग्रह- 'हम चले कुछ और चलने', 'झूठ बोलूँगा नहीं', 'रात अभी बाक़ी है', 'सूरज से ठनी है मेरी' व 'चेहरे सब तमतमाए हुए हैं'; 'उजियारे भी दस्तक देंगे' (काव्य-संग्रह) तथा 'पीर परायी नें कुण जाणैं' (राजस्थानी काव्य-संग्रह)
सम्मान : पर्यावरण विभाग राजस्थान समेत विभिन्न संस्थाओं द्वारा सम्मानित।
संपर्क : 4-पी-46, तलवंडी, कोटा-324 005
मोबाइल : 94149-39574

•

सागर के आकाश में, बया उड़े या बाज़।
पंछी देखे आसरा, जल पर चले जहाज़।।

गुज़र गई जब ज़िंदगी, घिसते-घिसते पाँव।
पूछ रहे हैं रास्ता, जाता है किस गाँव।।

किस के सर इल्ज़ाम दें, कहाँ करें फ़रियाद।
हमने खुद ही कर लिया, घर अपना बरबाद।।

मन भागा तेरे लिए, जग की चिलमन चीर।
क़दमों से लिपटी रही, रस्मों की ज़ंजीर।।

किसको फ़ुर्सत है भला, देखे मेरी पीर।
पका रहे हैं सब यहाँ, अपनी-अपनी खीर।।

सुखमय जीवन की धुरी है ख़ुशियों की खान।
गुरु बिन कैसे पाइये, लेकिन अक्षर-ज्ञान।।

धरती भोली कामिनी, हाफ़िज़ थी ओजोन।
सूरज डाले बदनज़र, हाय बचाये कौन।।

इस गुलशन में देखिए, छायी अजब बहार।
मोर, पपीहे, कोयलें, गाते नहीं मल्हार।।

पाँच बरस की बात क्या, यारो अब हर साल।
ख़ुशी-ख़ुशी खिंचवाइए, लोकतंत्र की खाल।।

तेल, गैस महँगे हुए, महँगी शक्कर, चाय।
नल-बिजली बिल देखकर, वेतन को गश आय।।

मिल जायेगा वो तुम्हें, हो जिसके हक़दार।
बात कमीशन की करो, सब देगी सरकार।।

नित प्रति मानव रक्त से, रँगे हुए अख़बार।
नहीं नहीं नहिं चाहिए, ये ख़ूनी सरकार।।

कैसे कह दूँ बाग़ पे, छायी आज बहार।
मुरझाए से फूल हैं, रोता है गुलज़ार।।

जबसे आई देश में, अपनों की सरकार।
बढ़ीं और बेकारियाँ, हुए और लाचार।।

राजनीति अब हो गई, आढ़त की दूकान।
मोलभाव नित देश का, करते बेईमान।।

निर्मल बनती थी नदी, पर निकली मक्कार।
हँसकर सागर से मिली, भरकर मन में खार।।

डा. पूनम बंसल

जन्मतिथि : 18.11.1958

शिक्षा : एम.ए. अर्थशास्त्र, पी-एच.डी.

लेखन-विधाएँ : गीत, ग़ज़ल, दोहा, मुक्तक आदि।

सम्मान : विभिन्न संस्थाओं द्वारा सम्मानित।

संप्रति : एसोसिएट प्रोफ़ेसर, अर्थशास्त्र विभाग, दयानंद आर्य कन्या स्नातकोत्तर विभाग, मुरादाबाद।

संपर्क : 10, गोकुलविहार, काँठ रोड, मुरादाबाद (उ.प्र.)

दूरभाष : 0591-2450960; **मोबाइल** : 94121-43525

जिन अपनों के वास्ते, दुआ करी दिन-रात।
आँसू, आहें, सिसकियाँ, उनकी हैं सौग़ात।।

नफ़रत की आँधी चली, बदल गया इंसान।
भूल गया है आज वह, गुरुओं का सम्मान।।

सच्चाई पर तुम चलो, बन जाये हर काम।
झूठ पाप को छोड़कर, जपो राम का नाम।।

झुलस गये सपने सभी, तज ममता की छाँव।
याद बहुत है आ रहा, वह बाबुल का गाँव।।

आँसू आँखों में लिए, सीने में अरमान।
प्यार भरे ये रास्ते, समझो मत आसान।।

फूलों से सीखो ज़रा, चुभन भरी मुस्कान।
गंध लुटाते ही रहे, काँटों से अनजान।।

बदल दिया है स्वार्थ ने, कैसा यह संसार।
रिश्ते-नाते-दोस्ती, सभी बने व्यापार।।

पथरीली राहें कहें, हमें बुलाकर पास।
गिरकर उठना ज़िंदगी, कभी न छोड़ो आस।।

दुनिया की इस भीड़ में, मिल न सका इंसान।
फ़ैशन कुछ ऐसा चला, सभी बने भगवान।।

आँसू हरदम साथ थे, ख़ुशी मिली दिन चार।
विपदाओं ने ही दिया, साहस का उपहार।।

मानवता है रो रही, खड़ी बीच बाज़ार।
भौतिकता की दौड़ में, दूषित हुए विचार।।

लदी फलों की डालियाँ, कहतीं बारंबार।
ठीक नहीं अभिमान है, झुकना सीखो यार।।

आँखों-आँखों में हुआ, दिल का कारोबार।
बनकर पंछी मन उड़ा, मिला नया संसार।।

जो शबरी के राम हैं, वह मीरा के श्याम।
रूप सभी भगवान के, हो कोई भी नाम।।

सागर से मिलने नदी, तोड़ चली हर रीत।
समझाती संसार को, ऐसे होती प्रीत।।

मत दिखला संसार को, अपने मन की पीर।
आँसू तो पोंछे नहीं, और चलाए तीर।।

प्रदीप गर्ग 'पराग'

लेखन-विधाएँ : हाइकु, दोहे आदि।
प्रकाशन : शब्द-शब्द है मोती (हाइकु संग्रह)
सम्मान : विभिन्न स्तरीय संस्थाओं द्वारा सम्मानित एवं पुरस्कृत।
संपर्क : 1785, सेक्टर-16, फ़रीदाबाद-121 002.
मोबाइल : 98910-59213.

राम नाम का जान लो, आदि न कोई अंत।
रमा सकल ब्रह्मांड में, यत्र-तत्र भगवंत।।

उजला मन हो गात में, मोती जैसे सीप।
मन से मन का मनुज तू, जला दीप से दीप।।

कथनी-करनी एक रख, चाहे यदि सम्मान।
केवल पर उपदेश से, मिलता बस अपमान।।

गरज तरज नभ में चढ़े, बरसी एक न बूँद।
मेघों ने आषाढ़ के, आँखें ली हैं मूँद।।

करता अपना फ़ायदा, औरों का नुक़सान।
इस सियासती दौर में, उसकी चले दुकान।।

संबंधों के वृक्ष का, पैसा ही आधार।
खाद यही, पानी यही, लाये यही बहार।।

दूर खड़ी थी ज़िंदगी, मौत बड़ी थी पास।
बाज़ी उसने जीत ली, तजी न पलभर आस।।

थके पाँव चलता गया, मन मंज़िल की ओर।
साथ क़दम उठते गये, हुई सुहानी भोर।।

देती जग को रात है, मधुर-मधुर सौग़ात।
बिना रात कैसे दिखे, तारों की बारात।।

राई जितनी बात को, कभी न दें हम तूल।
दे सकती है वह हमें, पर्वत जितना शूल।।

कविता ऐसा सफ़र है, होत न जिसका अंत।
अति विशाल इसका पटल, ज्यों ब्रह्मांड अनंत।।

भाव-समर्पण-प्यार में, रहे मधुर व्यवहार।
धैर्य, क्षमा, सद्भाव ही, हैं इसके आधार।।

कथ्य, शिल्प, लय, छंद का, जिसमें रहे अभाव।
ऐसी कविता हृदय को, देती है बस घाव।।

ख़ंजर-तीर-कटार के, भर जाते हैं घाव।
कुटिल वचन रहते हरे, खा न कभी भी ताव।।

निकले बात ज़ुबान से, मन में रख यह ध्यान।
तरकस में लौटे नहीं, छूट धनुष से बान।।

कटुता पनपेगी नहीं, जाएँगे सब भूल।
रहते समय उगाइए, प्रेम-प्यार के फूल।।

डा. (श्रीमती) प्रेमवती उपाध्याय

जन्मतिथि : 17.02.1947
(ग्राम डोहरिया, ज़िला रामपुर, उ.प्र.)
शिक्षा : एम.ए. (अंग्रेज़ी), बी.एम.एस. (आगरा)
लेखन विधाएँ : गीत, मुक्तक, ग़ज़ल, कहानी।
प्रकाशन : 'तुम्हारे लिए' (गीत-संग्रह) तथा 'स्मृति' व 'सप्तमाला'।
सम्मान/पुरस्कार : विभिन्न संस्थाओं द्वारा सम्मानित व पुरस्कृत।
संप्रति : होमियोपैथिक चिकित्सक
संपर्क : ओम भवन, एस-2/79, कृष्णापुरी, लाइनपार, मुरादाबाद (उ.प्र.)
मोबाइल : 94100-14942, 98372-44350

हृदय-हृदय के बीच में, खड़ी करे दीवार।
कहे 'प्रेम' उस अधम का, कोइ न तारनहार।।

शठ की संगत मत करो, शठ आकाशी बेल।
जिस तरु पाँव पसारती, उसका बिगड़े खेल।।

वट जैसे विनयी बनो, पाओ उम्र महान।
झुकत, छुअत धरती निरत, जाने सकल जहान।।

दीपक की बाती कहे, धारण करो विवेक।
सकल जलाती देह निज, करे उजाला नेक।।

देने में सुख है निहित, लेते दृष्टि लजाय।
धरती देखो पग तले, गगन् हाथ ना आय।।

जीवन ऐसा हम जिएँ, निकले कुछ निष्कर्ष।
प्रिय नूतन पावन बनें, दिवस, माह औ' वर्ष।।

प्रेमी करे न याचना, देने में विश्वास।
निज इच्छा बलिदान कर, झेले प्रतिपल त्रास।।

आज भरा इंसान में, बदले का आवेश।
घात कर रहा निज लहू, बदल गया परिवेश।।

सजल नयन शोभित रहें, करते हैं आकृष्टि।
सजल-सघनता जब बढ़े, नभ से होती वृष्टि।।

सत्य आचरण धार लो, यदि चाहो कल्याण।
सत्य आचरण से बने, मानव नेक महान।।

पराक्रमी पुरुषार्थ से, खुलें भाग्य के द्वार।
सावित्री के सामने, जाते यम भी हार।।

अहंकार को त्यागकर, धारो विनय अपार।
विप्र सुदामा, विदुर से, गये कृष्ण भी हार।।

करें श्रेष्ठता का वरण, करदें युग निर्माण।
धरा स्वर्ग बन जायगी, होगा देश महान।।

नहीं बिगाड़ें मन स्वयं, देख और के दोष।
निज दोषों का ही करें, सार्वजनिक उद्घोष।।

बदल गये यदि हम स्वयं, बदलेगा परिवेश।
दनुज, मनुज बन जायगा, मनुज बने सुमनेश।।

जन्मदात्री भी बनी, आज कुमाता हाय।
पुत्री की हत्या करे, मार पुत्र से खाय।।

डा. बलजीत सिंह

जन्मतिथि : 10.6.1935 (ग्राम चाँदनेर, ग़ाज़ियाबाद)
शिक्षा : एम.ए., पी-एच.डी. (अंग्रेज़ी)
लेखन विधाएँ : गीत, ग़ज़ल, दोहे, व्यंग्य, कोश।
प्रकाशन : विभिन्न विधाओं में दर्जनभर पुस्तकें प्रकाशित।
सम्मान : विभिन्न प्रतिष्ठित संस्थाओं द्वारा सम्मानित एवं पुरस्कृत।
संप्रति : पूर्व अध्यक्ष अंग्रेज़ी विभाग, वर्धमान कालेज, बिजनौर। अब साहित्य-सेवा में लीन।
संपर्क : शांतिकुंज, 483, नई बस्ती, बी-14, बिजनौर-246 701.
दूरभाष : 01342- 262419; **मोबाइल :** 98977-14214.

निबिड़ तिमरमय मार्ग लख, हो मत तनिक निराश।
निशा-कोख से नित्यप्रति, उगता दिव्य प्रकाश।।

जो शिक्षा इंसान को, दे चरित्र का दान।
उसके सम्मुख जगत का, सब धन धूल समान।।

अपना लें यदि हम पुनः, ऋषियों के संदेश।
पुनः धर्म-गुरु विश्व का, होगा भारत देश।।

सुनकर शब्द विरोध के, क्यों होता है खिन्न?
जग का अद्‌भुत सत्य यह, मुंड-मुंड मति भिन्न।।

घृणा, ईर्ष्या, क्रोध, मद, चिंता, दंभ, तनाव।
इनका जहाँ प्रभाव है, सुख का वहाँ अभाव।।

मिल जाएगी राह भी, यदि मन में है चाह।
किसके रोके रुक सका, जल का प्रबल प्रवाह?

बूँद-बूँद से घट भरे, पग-पग हो पथ पूर्ण।
जल के मृदुल प्रवाह से, प्रस्तर बनता चूर्ण।।

प्रत्युत्तर में क्रोध के, कभी न कीजे क्रोध।
सर्वनाश के हेतु हैं, क्रोध और प्रतिशोध।।

बंधन दुख का मूल है, लघु हो या कि महान।
हो लोहे या स्वर्ण की, बेड़ी लेती जान।।

है चरित्र अनमोल निधि, इसका मोल न तोल।
यह खोया तो क्या बचा? वही ढोल का पोल।।

शब्द हवा का बुदबुदा, उसमें भार न धार।
घाव किंतु ऐसे करे, कर न सके तलवार।।

धन खोने पर चीख़कर, रोता है इंसान।
तनिक नहीं पड़ती शिकन, जब खोता ईमान।।

देख चंद्र शीतल बनो, सूर्य देख द्युतिमान।
पुष्प देख प्रमुदित बनो, पवन देख गतिवान।।

घृणा, द्वेष, ईर्ष्या, अहम्, बैर, कपट औ' क्रोध।
इनका शरणागत वही, जो है महा अबोध।।

देव और दानव पलें, दोनों तेरे बीच।
तू जिसको चाहे सुखा, चाहे जिसको सींच।।

धूल, धुआँ, धन, धौंस की नगरों में भरमार।
दम-घोटू माहौल में, जीऊँ कैसे यार?

पद्मश्री 'बेकल' उत्साही

मूल नाम : लोदी मुहम्मद शफ़ी ख़ाँ

जन्मतिथि : 19.7.1928 (रमवाँपुर गौर, उतरौला, गोंडा, उ.प्र.)

लेखन-विधाएँ : गीत, ग़ज़ल, दोहे, कविता आदि।

प्रकाशन : विभिन्न विधाओं में लगभग डेढ़ दर्जन पुस्तकें।

सम्मान/पुरस्कार : तत्कालीन राष्ट्रपति श्री फ़ख़रुद्दीन अली अहमद द्वारा 'पद्मश्री' से सम्मानित। इसके अतिरिक्त देश-विदेश के सैकड़ों सम्मान व पुरस्कार प्राप्त।

विशेष : अनेक देशों की साहित्यिक यात्राएँ। पूर्व राज्यसभा सदस्य।

संपर्क : सिविल लाइंस, बलरामपुर (उ.प्र.)
मोबाइल : 94151-20838

'बेकल' जी दोहे लिखो, गीत-ग़ज़ल के नाम।
अभी समय है काम का, फिर करना विश्राम।।

झेंपे-झेंपे नयन की, शोख़-शोख़ मुस्कान।
चुग़ताई की सोच में, ग़ालिब का दीवान।।

रब्बा ये तू ही बता, यह कैसा इंसाफ़।
निर्धनता नंगी फिरे, धन पर चढ़ा गिलाफ़।।

कहा किसी यह संत ने, ख़ुद से करिये जंग।
फिर जीवन निर्वान है, जोखिम तोप तुफंग।।

अंदर गूँगा हैं मियाँ, बाहर आँख न कान।
जो भी इस को चीन्ह ले, वही बड़ा विद्वान।।

भोर भये पूजा किए, साँझे लिया कटार।
रात भई मदिरा पिया, कपड़े दिये उतार।।

सच्चा वह मयख़ार है, पीकर जो लहराय।
मंदिर-मस्जिद घूमकर, मयख़ाने में जाय।।

चाय न जिस घर में मिले, वो अनपढ़ अज्ञान।
कुटिया से महलों तलक, है इसका अभियान।।

न्यायपालिका खुश रहे, बरसों जियें वकील।
फ़ाइल बूढ़ी हो गई, जर्जर हुई अपील।।

दीवाना हँसने लगा, रोया जब हुशियार।
अज्ञानी सब स्वस्थ हैं, ज्ञानी सब बीमार।।

ख़ुशहाली का जब तलक, चढ़ता रहा बुख़ार।
हाल पूछने आ गये, सारे रिश्तेदार।।

पश्चिम की पोशाक में, सब हैं एक समान।
लड़का-लड़की एक से, लगते बिन पहचान।।

क्या अपनी करतूत है, क्या अपने आमाल।
भूल गया विज्ञान सब, आया जब भूचाल।।

रस्म-रीति में धर्म की, होती बड़ी तमीज़।
जज़्बाती किरदार में, धन-दौलत क्या चीज़।।

मुस्कानों की धूप में, अश्कों की बरसात।
सन्नाटों की छाँव में, यादों की बारात।।

'बेकल' धन-बल-स्वास्थ्य पर, काहे करो गुमान।
माटी इन्हें पछाड़कर, पल में करे उतान।।

बेखटक मिर्ज़ापुरी

मूल नाम : विश्वनाथ पाण्डेय

जन्मतिथि : 01.7.1939 (ग्राम कठनहीं, मिर्ज़ापुर)

शिक्षा : एम.ए. (हिंदी)

लेखन विधाएँ : गीत, ग़ज़ल, मुक्तक और नई कविता।

प्रकाशन : महत्वपूर्ण पत्र-पत्रिकाओं में रचनाएँ प्रकाशित।

सम्मान : विभिन्न संस्थाओं द्वारा सम्मानित।

संप्रति : पवित्रा डिग्री कालेज मनीराम, गोरखपुर में हिंदी विभागाध्यक्ष पद से सेवानिवृत्ति के बाद अब स्वतंत्र लेखन।

संपर्क : 27 जी, कुंती निवास, सूर्य विहार, पो. गोरखनाथ, गोरखपुर।

दूरभाष : 0551-2251228, **मोबाइल :** 94546-65719

मन वृंदावन हो रहा, तन महुआ का फूल।
हवा उड़ाये जा रही, कंधों पड़ा दुकूल।।

संस्कार में ही नहीं, जिसके कभी तमीज़।
उससे कहाँ मिले भला, ऐसी दुर्लभ चीज़।।

बीत गया सावन मगर, हुई नहीं बरसात।
किसी तरह दिन तो कटा, बाक़ी पूरी रात।।

आँखों आँखों में हुआ, जो आदान-प्रदान।
उससे उपजे रोग का, कोई नहीं निदान।।

राधा-माधव-बाँसुरी, तीनों यमुना तीर।
ऐसे में क्यों गोपियाँ, होंगी नहीं अधीर।।

नई नस्ल के सामने, इतनी-सी बस आस।
या रंगीनी सेक्स की, या तो फिर सल्फास।।

वेश्यालय तो बंद हैं, चकलाघर मौजूद।
इस समाज से कब मिटा, इसका कभी वजूद।।

छप्पर का रुख़ कर रहे, कोठी के धनवान।
विधवा माँ की हो रही, बेटी जहाँ जवान।।

गुत्थम-गुत्था हो रहे, उपप्रधान, परधान।
किसके ख़ाते में पड़े, आये जो अनुदान।।

महँगाई का आप भी, पढ़ते होंगे हाल।
थाली से ग़ायब हुई, रोटी-सब्ज़ी-दाल।।

नहीं दीखते दूर तक, कहीं कूप-तालाब।
इसीलिए तो आ रहे, बड़े-बड़े सैलाब।।

पूरा ही कब कर सका, मैं अपना दायित्व।
समाधान में प्रश्न के, निचुड़ गया अस्तित्व।।

समलिंगी अब इन दिनों, दिखते परम प्रसन्न।
इनकी शादी वैध सुन, लोग रह गए सन्न।।

आवश्यकता-पूर्ति का, हर क्षण रहा दबाव।
इसमें आड़े उम्रभर, आता रहा अभाव।।

अब तो जो हो, हो चुकी, अनजाने में भूल।
चलने की कोशिश करें, मौसम के अनुकूल।।

जीवन ऐसे ही रहा, यदि प्रतिक्रिया विहीन।
फिर क्या डरना मौत से, क्या होना ग़मगीन।।

आचार्य भगवत दुबे

जन्मतिथि : 18.8.1943
(ग्राम हिनौता, जबलपुर, म.प्र.)
शिक्षा : एम.ए., एल-एल.बी., कोविद (संस्कृत)।
प्रकाशन : स्मृतिगंधा (काव्य-संग्रह), शब्दों के संवाद (एक सहस्र दोहे), हरीतिमा (पर्यावरण संबंधी दोहे), बजे नगाड़े काल के (जबलपुर-भूकंप त्रासदी पर लिखे दोहे)।
संपर्क : 1498, 'विमल स्मृति' पिसनहारी मढ़िया के पास, जबलपुर (म.प्र.)-482 003.

नैतिकता का पूछिये, मत उनसे अब हाल।
पानी से वे दूध का, प्रतिशत रहे निकाल।।

बम, चाकू, बंदूक़ की, खुलती रोज़ दुकान।
पर 'मेडीकल लीव' पर, चली गयी मुस्कान।।

बगुलों को सौंपे गये, अमृत के घट आज।
राजहंस की प्यास का, मरुथल करें इलाज।।

उत्साही होते नहीं, बाधा देख हताश।
सूख-सूख पत्ते उड़ें, छूने को आकाश।।

जिस सुख-सुविधा से रहे, मन पर बना तनाव।
उसे त्याग स्वीकारिए, गरिमापूर्ण अभाव।।

हुआ न जिनके राज में, कभी सूर्य का अस्त।
वही भेड़िये शांति से, खाकर गये शिकस्त।।

खानों में काला हुआ, जिनका स्वर्ण स्वरूप।
देख न पाये वे श्रमिक, नयी सुबह की धूप।।

मुक्त छंद के काव्य में, हो यदि भाव-प्रवाह।
समझो, पूरा हो गया, कविता का निर्वाह।।

उपवन में होने लगा, मरुथल का अनुमान।
गूँगे हुए दरख़्त सब, बधिर हवा के कान।।

वृक्ष नपुंसक हो गये, लतिका निःसंतान।
गमलों के पौधे पले, दत्तक पुत्र समान।।

प्रणय-पुस्तिका में जहाँ, लिखना था संयोग।
समय-प्रकाशक छापकर, लाया वहीं वियोग।।

सत्तासुंदरि-मेनका, नेता विश्वामित्र।
राजनीति में खो गये, सब आदर्श चरित्र।।

खोली गयी अतीत की, दीमक लगी किताब।
आँखें गीली कर गया, सूखा हुआ गुलाब।।

हंसों को पोखर नहीं, झील बकुल के नाम।
उल्लू सत्तासीन हैं, प्रतिभा करे सलाम।।

यों तो तेरी याद सँग, सजे सुहागिन साँझ।
किंतु सुकोमल कल्पना, बैठी अब तक बाँझ।।

विपदाओं से धैर्य की, मुड़ जाती है धार।
पीड़ा का आधिक्य ख़ुद, बन जाता उपचार।।

मंसूर उस्मानी

जन्मतिथि : 01.3.1954 (मुरादाबाद)

शिक्षा : एम.ए. (उर्दू)

लेखन-विधाएँ : ग़ज़ल, दोहे आदि।

प्रकाशन : ग़ज़ल-संग्रह– 'मैंने कहा', 'जुस्तजू', 'ग़ज़ल की खुशबू' व 'कशमकश'।

सम्मान व पुरस्कार : विभिन्न संस्थाओं द्वारा सम्मानित व पुरस्कृत।

संप्रति : नगर निगम मुरादाबाद में सेवारत।

संपर्क : नजमा हाउस, निकट मज़ार शरीफ़, बारादरी, मुरादाबाद-244 001 (उ.प्र.)

मोबाइल : 98971-89671

बच्चों को सिखलाइए, बूढ़ों का सम्मान।
हो जाएगी आपकी, हर मुश्किल आसान।।

ग़ालिब, तुलसी, मीर के, शब्दों की ताज़ीम।
करते मेरे दौर में, बेकल, निदा, वसीम।।

हिंदी रानी देश की, उर्दू जिसका ताज।
खुसरो जी की शायरी, इन दोनों की लाज।।

तनहाई में रात की, भरता है 'मंसूर'।
सन्नाटों की माँग में, यादों का सिंदूर।।

खुदा और भगवान में, नहीं ज़रा भी फ़र्क़।
जो माने वो पार है, ना माने तो ग़र्क़।।

अपनी पलकों ले लिया, जब निर्धन का नीर।
मेरे आशिक़ हो गये, सारे संत-फ़कीर।।

जब थे पैसे जेब में, रिश्तों की थी फ़ौज।
बहा सभी को ले गयी, निर्धनता की मौज।।

लिख दो हर दीवार पर, मेरा ये संदेश।
बँटना था जो बँट चुका, अब न बँटेगा देश।।

दिल की दुनिया रातभर, रहती है आबाद।
आती है जब दिन ढले, मुझको तेरी याद।।

मन में कुंठा पालकर, घूमे चारों धाम।
आये जब घर लौटकर, माया मिली न राम।।

दुनिया सूनी कर गया, ऐसे मन का मीत।
जैसे मेरे गीत से, रूठ गया संगीत।।

गोरी छेड़े रातभर, पिया मिलन के गीत।
शब्दों का अमृत बने, साँसों का संगीत।।

दस्तक दी भगवान ने, खुले न मन के द्वार।
ऐसे लोगों का भला, कौन करे उद्धार।।

बिन चाहे ही लग गया, कैसा मन को रोग।
जिस बैरी से दिल डरे, उसका ही संजोग।।

जपकर माला राम की, जब न बना कुछ काम।
मैंने दुनिया जीत ली, लेकर माँ का नाम।।

पुरखों की पहचान था, पुश्तैनी संदूक़।
बेटा जिसको बेचकर, ले आया बंदूक़।।

म.ना. नरहरि

जन्मतिथि : 12.6.1934 (अमरोहा, उ.प्र.)

प्रकाशन : अनेक पत्र-पत्रिकाओं में कहानी, गीत, दोहे, कहानियों का अनुवाद अन्य भाषाओं में प्रकाशित। बाल-बंधु सहित अनेक पत्रिकाओं का संपादन।

संप्रति : स्वतंत्र लेखन, पत्रकार (टाइम्स ऑफ इंडिया ग्रुप, मुंबई)

संपर्क : श्रीपाल-वन, बिल्डिंग नं. 1, सी विंग, जी-10, खारोडी नाका (बोलिंज), विरार (पश्चिमी), ज़िला ठाणे-401 303 (महाराष्ट्र)

दूरभाष : 0250-2551346; **मोबाइल** : 93221-25416

नोंच लिए अब काग ने, गौरैया के पंख।
पूजा में गूँगा हुआ, फूलों बैठा शंख॥

कचरे में है सड़ रही, पूजी हुई किताब।
कोस रहा है भाग्य को, शव पर रखा गुलाब॥

हल्दी लगी हथेलियाँ, कुमकुम जैसे गाल।
होली वाली रात में, चुंबन बना गुलाल॥

भाषा कौवे ले गए, शब्द रहा मैं छील।
शिलालेख है गाड़ना, गुमी हाथ से कील॥

उबटन घोला शाम ने, ख़ूब नहाई रैन।
नदी हुई नवयौवना, बूढ़ा पुल बेचैन॥

मुख पर रेखा खींचता, मन में बैठा यार।
जाने कब बहने लगे, थमी आँख की धार॥

उलझा दिल का मामला, मिली न अब तक थाह।
साफ़ बयानी यों हुई, क़ातिल बना गवाह।।

बाग़ों में हाँका लगा, बचे रहे सब बेर।
नागफनी हँसती रही, पकड़े गये कनेर।।

दुआ करो सबके लिए, बहुत सरल है काम।
सूरज घर-घर झाँकता, क्या धोबी क्या राम।।

सबक़ दिया जब यार ने, खुद हो गई तमीज़।
अपनी कहकर ले गया, मेरी नई कमीज़।।

राशन, कपड़े, पुस्तकें, चुभते गहरे डंक।
बार-बार वेतन गिना, बढ़ा न फिर भी अंक।।

हस्ताक्षर बेचा नहीं, ऊँचा रहा मिज़ाज।
गाँव लौटना तय हुआ, परसों, कल या आज।।

दंपति में हलचल हुई, बिखरा सब घर-बार।
चीख़ें सब सुनती रही, कान जड़ी दीवार।।

आँखों से आँखें मिला, मुझे पुकारा 'मीर'।
आँख झुका मैंने कहा, कहिए मुझे 'कबीर'।।

मूरख मैं साबित हुआ, फक्कड़ मिला ख़िताब।
घाटा सब मैंने भरा, ऐसे हुआ हिसाब।।

भीगा मौसम भोगकर, करें ठिठोली ताल।
अब वह पीपल मर गया, कल था जो कंकाल।।

मनोज अबोध

जन्मतिथि : 30.4.1962 (झालू, बिजनौर, उ.प्र.)
शिक्षा : बी.एस-सी., एम.ए., पत्रकारिता स्नातकोत्तर, आयुर्वेद-रत्न, डिप्लोमा इन नेचुरोपैथी, एडवांस होमियोपैथी।
लेखन-विधाएँ : गीत, ग़ज़ल, दोहा, मुक्तक, कविता आदि।
प्रकाशन : ग़ज़ल संग्रह- 'गुलमुहर की छाँव में', दोहा संग्रह 'यादों का मकरंद' प्रकाशनाधीन।
सम्मान : विक्रमशिला हिंदी विद्यापीठ द्वारा 'विद्यावाचस्पति' की उपाधि, दुष्यंत अवार्ड-2003 एवं अन्य अनेक संस्थाओं द्वारा सम्मानित।
संप्रति : मुख्य संपादक, मंथन फ़ीचर्स।
संपर्क : सरस्वती मार्ग, नईबस्ती, बिजनौर-246 701 (उ.प्र.)
दूरभाष : 01342-262880; **मोबाइल :** 93193-17089, 94570-13570

आम आदमी की व्यथा, ये मेरा मज़मून।
चौराहे पर क्यों हुआ, मानवता का ख़ून॥

आँखों में जबसे घुला, यादों का मकरंद।
कुहरे में लिपटी मिले, बस तेरी ही गंध॥

जब-जब पहले प्यार की, खोली गई किताब।
पृष्ठों में हँसते मिले, सूखे हुए गुलाब॥

एक टपरिया फूस की, कुछ मीठे अहसास।
इतनी दौलत और है, अभी हमारे पास॥

संबंधों की डोर को, इतना भी मत खींच।
हो छत्तिस का आँकड़ा, तेरे-मेरे बीच॥

जिसके पीछे भीड़ है, उसके सिर है ताज।
देशभक्त को देश में, कौन पूछता आज॥

झूठे हैं सब आँकड़े, देश बना ख़ुशहाल।
बिन रोटी के क्यों मरा, फिर ग़रीब का लाल।।

उसने रोपीं झाड़ियाँ, मैंने कोमल दूब।
हम दोनों के प्यार की, रही कहानी ख़ूब।।

जिनको समझा फूल-सा, निकले सारे शूल।
जीवन-दर्शन में हुई, बस इतनी-सी भूल।।

झंडे, भाषण, रैलियाँ, मज़हब का फ़रमान।
इनमें बँटकर रह गया, पूरा हिंदुस्तान।।

कंकरीट के देश में, झुलसे जबसे पाँव।
मन फिर बसना चाहता, हरियाली के गाँव।।

बचपन की अठखेलियाँ, अम्मा की फटकार।
जीवन में ये सुख सखे, मिले न बारंबार।।

ओस कणों में भीगता, ऐसे तेरा रूप।
जैसे कुहरे में छने, माघ-पौष की धूप।।

हरे-भरे सब लोग हों, हरा-भरा व्यवहार।
धुंध-धुएँ से मुक्त हो, हरा-भरा संसार।।

अलग-अलग रँग-रूप हैं, अलग-अलग परिधान।
किंतु सभी में रक्त की, रंगत एक समान।।

अधरों से जब दूर हों, कैसे आए चैन।
मदिरा के प्याले भरे, मीत तुम्हारे नैन।।

मधुप शर्मा

जन्मतिथि : 14.12.1921 (डडहेडी, पंजाब)

शिक्षा : बी.ए.

लेखन-विधाएँ : ग़ज़ल, कविता, दोहे आदि।

प्रकाशन : एक ग़ज़ल संग्रह सहित डेढ़ दर्जन से अधिक पुस्तकें प्रकाशित।

सम्मान : महाराष्ट्र हिंदी साहित्य अकादमी द्वारा 'जैनेन्द्र कुमार पुरस्कार' सहित अनेक संस्थाओं द्वारा सम्मानित/पुरस्कृत।

संप्रति : साहित्य लेखन में व्यस्त।

संपर्क : पुष्पा कालोनी, मालाड (पूर्व), मुंबई-400 097

दूरभाष : 022-28891609.

देखे शहरी रास्ते, भूल गए देहात।
भौजाई की मसख़री, देवर का उत्पात।।

सारे अंग समाज के, आज हुए बदरंग।
रिश्ते-नाते, दोस्ती, लगा स्वार्थ का ज़ंग।।

लूट मची चारों तरफ़, अंधा बैठा हाट।
घोटालों की फ़सल है, काट सके तो काट।।

इक-दूजे से बढ़ गए, लंबी भरें छलाँग।
नहीं बात दो-चार की, पड़ी कुएँ में भाँग।।

राजनीति में हो रहा, एक अनोखा खेल।
भले ऊँट पे बैठ तू, दे दे मुझे नकेल।।

सुबह-सवेरे आ गया, घर-द्वारे अख़बार।
जैसे आँखों में उगे हों सौ-सौ अंगार।।

घोटाले, बम, रहज़नी, रिश्वत, भ्रष्टाचार।
चोरी-अत्याचार से, भरा पड़ा अख़बार।।

चारा नेता चर गए, भूखा पशु समुदाय।
कैसे पड़ा अकाल यह, कोई समझ न पाय।।

तनिक लाभ के लोभ में, दिया उसे भरमाय।
यह कैसी इंसानियत, यह तो है अन्याय।।

कुर्सी पर बैठा हुआ, चोरों का सरदार।
आवा ऊता देखकर, चिंतित हुआ कुम्हार।।

चंबल घाटी-सा हुआ, सचिवालय बदनाम।
घोटालों पर कर रहे, मंत्रीगण अभिमान।।

जितनी बड़ी इमारतें, उतने छोटे लोग।
काला धन सबसे बड़ा, है समाज का रोग।।

अब चोरों का सरगना, कल का थानेदार।
रौब-दाब उसका घना, डाँट-डपट हथियार।।

दादी बैठी सोचती, मन ही मन अकुलाय।
पैदा कैसे हो गया, ठग्गों का समुदाय।।

गगन झरोखे में खड़े, बापू हैं गंभीर।
पतन देश का देखकर, नेहरू हुए अधीर।।

लखपतियों की बात तो, हुई पुरानी बात।
आज करोड़ीमलों की, पैदा हुई जमात।।

मरयम ग़ज़ाला

जन्मतिथि : 22.3.1939 (रधनपुर, गुजरात)।

शिक्षा : एम.ए. (मनोविज्ञान व अंग्रेज़ी), एम.एड., डी.पी.एड., साहित्य रत्न।

लेखन-विधाएँ : ग़ज़ल, कविता, दोहे आदि।

प्रकाशन : लगभग दर्जनभर पुस्तकें प्रकाशित।

सम्मान : विभिन्न संस्थाओं द्वारा सम्मानित।

संप्रति : अंग्रेज़ी एवं मनोविज्ञान में प्रवक्ता पद से सेवानिवृत्ति के बाद स्वतंत्र लेखन।

संपर्क : 601, विघ्नहर्ता अपार्टमेंट, गाँवदेवी, निकट एम.एच. स्कूल ठाणे (पश्चिमी)-400 602.

दूरभाष : 022-25451317, **मोबाइल :** 98199-27369.

धान भरे गोदाम में, मूषक करें धमाल।
चूहे तगड़े हो गए, बिलखे मानव बाल।।

जिसने बोए खेत में, अपने सदा बबूल।
कैसे पाएगा भला, वो गुलाब के फूल।।

सागर तट पर बैठकर, देखे जो तूफ़ान।
उसको हो मँझधार की, कैसे फिर पहचान।।

शाखों से तू पेड़ की, कच्चे फल मत तोड़।
फूलों को चुन ले मगर, कलियों को दे छोड़।।

इंसाँ अब इंसान में, खो बैठा विश्वास।
अपने बेटे से नहीं, माँ भी रखती आस।।

अनजानों के सामने, भेद न अपना खोल।
बेच न कंकर दाम में, इज़्ज़त है अनमोल।।

जो अपना मन जीत ले, उसकी क़ीमत लाख।
दास हवस का जो बशर, उसकी क़ीमत राख।।

देख-परखकर वक़्त को, गर तू बोले बोल।
बन जाएगा बोलना, फिर तेरा अनमोल।।

दौलत जिनके पास है, नहीं वही धनवान।
संतोषी जो है सदा, धनी उसी को जान।।

है दुश्मन वह कौन-सा, लेकर छोड़े प्राण।
चिंता को सबसे बड़ा, अपना दुश्मन जान।।

दिनभर जो सोता रहे, काम करे ना काज।
उसको मुर्दा जानिए, कल होवे या आज।।

पूछा किसी फ़क़ीर से, कैसा करना काम।
चाहे जो करनी करो, बनना नहीं ग़ुलाम।।

वक़्त कहाँ इंसान का, सदा निभाये साथ।
मछली-सा फिसले सदा, कभी न आए हाथ।।

मूरख गर टेढ़ा चले, कीजे उसे मुआफ़।
ज्ञानी जब ग़लती करे, उसका क्या इंसाफ़।।

धन-जोबन का गर्व है, जैसे तेज़ शराब।
लिप्त रहा उसमें अगर, जीवन हुआ ख़राब।।

दुनिया के तालाब में, सारे फेंके जाल।
मौक़ा ऐसी मत्स्य है, मिले नहीं तत्काल।।

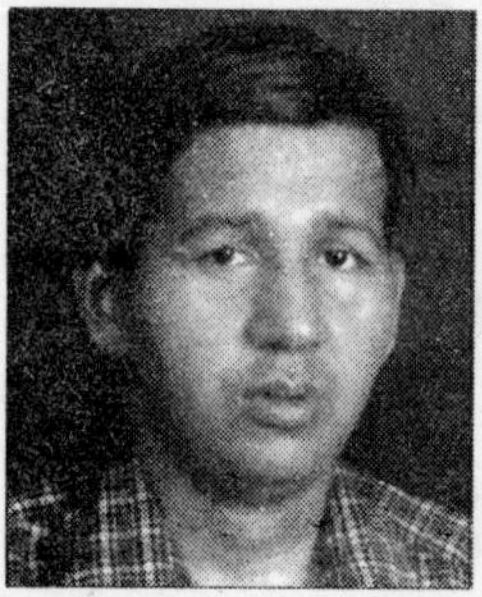

महावीर उत्तरांचली

जन्मतिथि : 24.7.1971 (दिल्ली)।
शिक्षा : स्नातक।
लेखन-विधाएँ : कहानियाँ, ग़ज़लें, दोहे आदि।
प्रकाशन : तीन पीढ़ियाँ : तीन कथाकार (कथा-संग्रह) व आग का दरिया (ग़ज़लियात)
संपर्क : बी-4/79, पर्यटन विहार, वसुंधरा इनक्लेव, नई दिल्ली-110 096.
मोबाइल : 98181-50516.

सबका खेवनहार है, एक वही मल्लाह।
हिंदी में भगवान है, अरबी में अल्लाह।।

दोहे में है ताज़गी, खिला शब्द का रूप।
'महावीर' क्यों मंद हो, कालजयी यह धूप।।

जीवन बूटी कौन-सी, सूझा नहीं उपाय।
'महवीर' हनुमान ने, पर्वत लिया उठाय।।

राम चले वनवास को, दशरथ ने दी जान।
पछताई तब कैकयी, चूर हुआ अभिमान।।

अर्जुन से केशव कहें, बात बड़ी गंभीर।
ग़ैरों से दुनिया लड़े, लड़े स्वयं से वीर।।

अजर-अमर आभा रहे, कभी पड़े ना माँद।
गोरी सबसे ही कहे, प्रीतम मेरा चाँद।।

फ़िदा वतन पर जो हुआ, दिल उस पर क़ुरबान।
जीवन उसका धन्य है, और मृत्यु वरदान।।

सदियों तक संसार में, ज़िंदा रहें विचार।
'महावीर' करते रहो, तेज़ क़लम की धार।।

बात चली है ज्ञान की, रहे शारदे साथ।
नमन करें माँ आपको, जोड़ें दोनों हाथ।।

निर्मल जमुना जल बहे, कृष्ण खड़े हैं तीर।
आ जाओ अब राधिके, मनवा खोए धीर।।

मन के हारे हार क्यों, मन हारा तब जीत।
आगे बढ़ इतिहास रच, बदल जहाँ की रीत।।

शरमा जाए क्यों हवा, छू गोरी के अंग।
गोरी झूले झूलना, आज पिया के संग।।

तू-तू, मैं-मैं हो गई, बात बनी गंभीर।
चलने लगे विवेक पर, लोभ-मोह के तीर।।

'महावीर' बुझती नहीं, अंतरघट की प्यास।
मृगतृष्णा मिटती नहीं, मनवा बड़ा उदास।।

अनेकता में एकता, यही हिंद की शान।
मिस्र-रोम तक मिट गए, बाक़ी हिंदुस्तान।।

पोथी-पत्री देखकर, ज्ञानी बाँटे ज्ञान।
जिसको सुनकर रात-दिन, पुलकित हुआ जहान।।

डा. महाश्वेता चतुर्वेदी

जन्मतिथि : 02.02.1950 (जनपद इटावा, उ.प्र.)
शिक्षा : एम.ए. (अंग्रेज़ी, संस्कृत, हिंदी), साहित्याचार्य, संगीत प्रभाकर, डिप्लोमा जर्नलिज़्म, एल-एल.बी., पी-एच. डी., डी.लिट्.)
प्रकाशन : खंडकाव्य, गीत, ग़ज़ल, बालगीत, बालकहानी, निबंध, उपन्यास आदि विधाओं पर लगभग तीन दर्जन तथा अंग्रेज़ी में दस काव्य-संग्रह प्रकाशित।
विशेष : कई देशों की साहित्यिक यात्राएँ।
सम्मान/पुरस्कार : देश-विदेश की विभिन्न संस्थाओं द्वारा सम्मानित एवं पुरस्कृत।
संपर्क : फ़्लैट नं. 24 ए, आँचल कालोनी, श्यामगंज, बरेली-243 005 (उ.प्र.)
दूरभाष : 0581-2470758; **मोबाइल** : 94110-07050

राष्ट्र पर्व पर राष्ट्रध्वज फहराते हर ओर।
नहीं राष्ट्र की भावना, राष्ट्रगीत का शोर।।

चेहरे तो बदले गये, किंतु न बदला भाव।
हावी हैं दुर्नीतियाँ, ओझल हैं सद्भाव।।

गर्वोन्नत करना हमें, भारत माँ का माथ।
ध्वज की होगी जय तभी, जब हम देंगे साथ।।

गुण गरिमा का बन गये, योगेश्वर आगार।
योगिराज-सा ही करें, हम भी कुछ व्यवहार।।

मन माधव मोहक रहा, तन मथुरा का रूप।
चित्त-वृत्तियाँ गोपियाँ, द्वंद्व लगे हैं धूप।।

नारकीय घर कर दिया, बाहर रचते स्वर्ग।
अंधकार से घिर गया, ऐसों का अपवर्ग।।

मन के खूँटे में बँधी, लोलुपता की गाय।
कपट घास से पुष्ट बन, विचरण करती हाय।।

मदिरा लगती मेनका, मन है विश्वामित्र।
भ्रमरों-सा रोमांस में, तप है छिपा विचित्र।।

कर्मयोग को भूलकर, फल की करते चाह।
भक्त आपके कर रहे, अपना अंतरदाह।।

धागों में पलता मिला, भावों का संसार।
रक्षाबंधन में छिपा रहा अखंडित प्यार।।

तीजों पर ऐसी हुई है जमकर बरसात।
अंग-अंग शीतल बना, होकर के मधुस्नात।।

क्या गाते सावन वहाँ, जहाँ उगे अंगार।
बनी खाक है रह गई, हँसती वंदनवार।।

द्वार हृदय के बंद हैं, चलो न उनके द्वार।
दंशित ही करते रहे, उनके पुष्पित हार।।

चटक गया मन का मुकुर, पाकर के आघात।
अब न जोड़ने की कभी जिसको करना बात।।

घिसे-पिटे सब गीत हैं, घिसे-पिटे व्यवहार।
कैसे फूटे रागिनी, खंडित हैं सब तार।।

काला धन यमुना बना, झूठ बना नँदलाल।
कृष्ण-कृष्ण के जाप को, करती मिली कुचाल।।

डा. महेश 'दिवाकर'

जन्मतिथि : 01.01.1950 (ग्राम महलकपुर माफ़ी, ज़िला मुरादाबाद, उ.प्र.)

शिक्षा : पी-एच.डी., डी.लिट्. (हिंदी), पी.जी. डिप्लोमा इन जर्नलिज़्म।

प्रकाशन : कविता, मुक्तक, समीक्षा-शोध, खंडकाव्य, साक्षात्कार आदि विधाओं में 14 पुस्तकें प्रकाशित।

सम्मान/पुरस्कार : विभिन्न प्रतिष्ठित संस्थाओं द्वारा सम्मानित एवं पुरस्कृत।

संप्रति : अध्यक्ष, रीडर एवं शोध निर्देशक, गुलाबसिंह हिंदू महाविद्यालय, चाँदपुर-स्याऊ, ज़िला बिजनौर, उ.प्र.)

संपर्क : 'सरस्वती', मिलनविहार, दिल्ली रोड, मुरादाबाद (उ.प्र.); **मोबाइल :** 99273-83777

विधना की इस सृष्टि का, जड़-चेतन हर रूप।
त्याग-समर्पण-प्यार से, जग में बना अनूप।।

देकर धूनी त्याग की, कर पावन निज नेह।
बदले जीवन दृष्टि भी, बदले तन-मन-गेह।।

शांतिवार्ता चल रही, कायरता के साथ।
राजनीति ने देश का, झुका दिया हा! माथ।।

वैश्यों को खोजा, मिला, धन तो अमित अकूत।
मिली भवन में लक्ष्मी, बाहर मिले सपूत।।

रहता सबके साथ हूँ, रहता सबके बीच।
घर में ऐसे रह रहा, ज्यों पानी में कींच।।

मृगतृष्णा इतनी विपुल, देखे दिवस न रैन।
नेता मेरे देश का, रहता नित बेचैन।।

जब तक फन कुचलो नहीं, सर्प करे आघात।
दूध पिलाना सर्प को, कहाँ उचित है तात।।

तुम क्या समझोगे सखे! भावुकता-संबंध।
रहा तुम्हारी दृष्टि में, रिश्ता ज्यों अनुबंध।।

उपवन की गति देखकर, माली हुआ उदास।
हाय! विवशता क्या करे, लेता साँस-उसाँस।।

सपना यह मन में बसा, हो अनुपम परिवार।
जहाँ ईर्ष्या-द्वेष का, पैदा हो न विकार।।

भाँति-भाँति के हैं यहाँ, दुनिया में इंसान।
निज तन पर पीड़ा सहें, पर बाँटें मुस्कान।।

हर घटना के मूल में, जीवन का विस्तार।
सखे! मर्म तुम जानते, हम तो निपट गँवार।।

ममता, श्रद्धा, भावना, प्रेम, द्वेष, सम्मान।
सब माया के आवरण, मोह बड़ा बलवान।।

अब तो होते ही नहीं, संतों के दीदार।
मनुज-मनुज के बीच में, इसीलिए दीवार।।

पीड़ा दो या प्यार दो, सखे! तुम्हारा काम।
जैसी इच्छा राम की! जिस विधि राखे राम।।

बैर-द्वेष की ज़िंदगी, छोड़ो अब तो यार।
करो आज से ही शुरू, सभी परस्पर प्यार।।

माहेश्वर तिवारी

जन्मतिथि : 22.7.1936 (ग्राम मलौली, बस्ती, उ.प्र.)
शिक्षा : एम.ए. (हिंदी)
प्रकाशन : हरसिंगार कोई तो हो (नवगीत-संग्रह), नदी का अकेलापन, सच की कोई शर्त नहीं।
सम्मान/पुरस्कार : भारतीय साहित्य सम्मेलन प्रयाग; हल्दीघाटी चतुःशती समारोह समिति मुंबई, जैन मिलन मुरादाबाद; हिंदी साहित्य सम्मेलन प्रयाग द्वारा साहित्य सारस्वत व विक्रमशिला वि.वि. द्वारा विद्यावारिधि की मानद उपाधि, हिंदी संस्थान उ.प्र. द्वारा साहित्य भूषण, परिवार सम्मान मुंबई आदि अनेक संस्थाओं द्वारा सम्मानित एवं पुरस्कृत।
संपर्क : 'हरसिंगार', ब.म.-48, नवीननगर, काँठ रोड, मुरादाबाद (उ.प्र.)
दूरभाष : 0591-2450733, **मोबाइल** : 94566-89998

वस्त्र पहन कर गेरुआ, साधू, संत, फ़कीर।
नये मुक़दमों की पढ़ें, रोज़ नयी तहरीर।।

धीरे-धीरे देश में, आया अजब सुराज।
आँखों में पानी नहीं, घर में नहीं अनाज।।

चंदन में विष फैलता, देख रहे हैं लोग।
अब भी साँपों पर नहीं, लगता है अभियोग।।

रिश्तों के बदले हुए, दिखते सभी उसूल।
भैया कड़वे नीम-से, दीदी हुई बबूल।।

लाक्षागृह सबके अलग, क्या अर्जुन, क्या कर्ण।
आग नहीं पहचानती, पिछड़ा, दलित, सवर्ण।।

कुछ मौसम प्रतिकूल था, कुछ था तेज़ बहाव।
मछुआरों ने खींच ली, तट पर अपनी नाव।।

दबे पाँव बिल्ली, नये करती रही शिकार।
लेकिन ख़त्म नहीं हुआ, चिड़ियों का संसार।।

जाड़ा आते ही प्रकृति, बदले कितने रूप।
पछुआ प्रौढ़ा-सी लगे, और नवोढ़ा धूप।।

शोर दे गया कान में, आकर ऐसी सीख।
लोग माँगते फिर रहे, सन्नाटे की भीख।।

टूटे रिश्तों के बटन, तन की खुली कमीज़।
सीने पर लटका मिला, यादों का ताबीज़।।

छतरी लेकर धूप की, बिल्कुल नंगे पाँव।
प्यासे सब जल ढूँढ़ने, गये रेत के गाँव।।

दाने-दाने के लिए, चिड़िया है बेहाल।
उधर साज़िशों के नये, बुने जा रहे जाल।।

गाँव, शहर मंडी हुए, विश्व हुआ बाज़ार।
नये ग़ुलाम ख़रीदने, निकले साहूकार।।

बढ़ा आग से इस तरह, लोगों का अनुराग।
भरी दुपहरी जेठ की, गाती दीपक-राग।।

पछुआ के कोड़े चले, डालें हैं लाचार।
थर-थर करती देह से, कपड़े रही उतार।।

यात्राएँ सुनने लगीं, झरनों के संगीत।
राहें लिपटीं पाँव से, हो बैठीं भयभीत।।

मुरलीधर पाण्डेय

जन्मतिथि : 07.10.1949

शिक्षा : एम.ए. (हिंदी), राष्ट्रभाषा कोविद, राष्ट्रभाषा रत्न एवं डी.आई.एम.एस.।

प्रकाशन : संयोग प्रकाशन से 10 पुस्तकें प्रकाशित। संपादक 'संयोग साहित्य'। अनेक विधाओं में एक दर्जन से अधिक पुस्तकें प्रकाशित। अनेक पत्रिकाओं में रचनाएँ प्रकाशित। अनेक संस्थाओं में सक्रिय सदस्य।

संप्रति : अक्षरांकन (डी.टी.पी. सेंटर) हिंदी, मराठी, गुजराती, अंग्रेज़ी।

संपर्क : 204/ए, चिंतामणि अपार्टमेंट, काशीविश्वनाथ मंदिर के सामने, आर.एन.पी. पार्क, भयंदर (पूर्व), मुंबई-401 105 (महाराष्ट्र)

दूरभाष : 022-28151737

राजा को धन चाहिए, और राज की चाह।
इसीलिए वह युद्ध की, करै नाहिं परवाह।।

जीव भरा संसार है, जो जैसा उपजाय।
बिना कर्म पावै नहीं, बिन भोगे नहिं जाय।।

कविता में आनंदरस, मात्र नहीं उद्‌गार।
साँच भरी अनुभूतियाँ, हो जिनमें संचार।।

दुष्ट सदा हैं ढूँढ़ते, औरों में अज्ञान।
ख़ुद को मानें देवता, ज्ञानी को शैतान।।

तृष्णा आई पास जब, चला गया संतोष।
दोनों में कैसे निभे, आपस में आक्रोश।।

फूल सभी को दीखता, गंध न देखै कोय।
जैसे ईश्वर जगत में, निराकार सम होय।।

धोखा देकर जो गया, उससे मूढ़ न कोय।
खुद को ही छलता रहा, नागफनी को बोय।।

सूरज बाँटे रोशनी, ऊँच-नीच नहिं भेद।
जैसे सद्गुरु ज्ञान को, बाँटत फिरत अभेद।।

सूरज, दीपक, संतजन, तीनों देयँ प्रकाश।
सबसे उत्तम संत हैं, ज्ञान धरा आकाश।।

धन की गतियाँ तीन हैं, दान, भोग अरु नाश।
जो नर, दान न भोगता, धन का सत्यानाश।।

मन मैला सत्संग बिन, जल बिन मैली देह।
संतों का मन साफ़ है, जैसे जनक विदेह।।

जीवन शीशे की तरह, टूटत लगे न देर।
आज हरा, कल लाल है, ज्यों झरबेरी बेर।।

कल-कल करते कल गया, गई न कल की आस।
फिर भी कल को देखिए, रचे नये इतिहास।।

ज्ञान भये हरि दीखता, सोवत-जागत एक।
घट-घट व्यापक जगत में, लीला रचत अनेक।।

आत्मज्ञान से बल मिला, ताक़त से विश्वास।
संयम से मिलकर चलो, जब तक तन में श्वास।।

जीवन बिकता ही नहीं, किसी हाट-बाज़ार।
कुछ ऐसा तुम कर चलो, जग का हो उद्धार।।

मूलचन्द 'राज'

मूल नाम : मूलचन्द
जन्मतिथि : 25.6.1971
शिक्षा : इंटरमीडिएट
लेखन-विधाएँ : गीत, कविता, कहानी, दोहे आदि
प्रकाशन : विभिन्न पत्र-पत्रिकाओं में प्रकाशित
सम्मान : अनेक संस्थाओं द्वारा सम्मानित
संप्रति : अध्यापक
संपर्क : ग्राम- रामनगर गंगपुर, तहसील बिलारी, ज़िला मुरादाबाद (उ.प्र.)
मोबाइल : 97592-62435

भरी जवानी हो गई, बूढ़ों-सी बीमार।
महँगाई की भीड़ में, बेकारी की मार।।

इस दुनिया में है नहीं, पैसा जिसके पास।
अपने भी मन में रखें, उसके लिए खटास।।

रिश्ते-नाते हो गये, आज एक व्यापार।
जिस पर जितना माल है, उससे उतना प्यार।।

नेताजी हैं बाँटते, वादों की सौग़ात।
पूँछ उठाकर देखली, निकले मादा ज़ात।।

प्यासी धरती देखकर, होता यही प्रतीत।
धरती-बादल में नहीं, पहले जैसी प्रीत।।

किसे सुनाये द्रौपदी, चीरहरण का हाल।
घर से संसद तक लगी, बहरों की चौपाल।।

लोगों को छलने लगा, उसका मायाजाल।
उपदेशक जितना बड़ा, उससे बड़ा दलाल।।

उलझन निश-दिन बढ़ रही, संकट में है देश।
दहशतगर्दी कर रहा, मानव वर्ग विशेष।।

नक्सलवादी ताक़तें, रोक रहीं उत्थान।
फिर भी नारा लग रहा, भारत देश महान।।

नर मत डर तूफ़ान से, तू खुद है तूफ़ान।
अपने उच्च विचार से, डाले बदल जहान।।

यह दुनिया रणक्षेत्र है, सजग रहो दिन-रात।
पता समय का कुछ नहीं, कब क्या दे सौग़ात।।

खाता भारत देश का, गाय विदेशी राग।
ऐसे हंसों से भला, भारत-प्रेमी काग।।

मानव अपने कर्म से, करने लगा विनाश।
आफ़त सिर पर डोलती, क्या जीवन की आस।।

गाय-भैंस नित घट रहीं, मानव निश-दिन खाय।
आयेगा वह दिन कि जब, दूध नहीं मिल पाय।।

आय वही है आज भी, व्यय में हुआ उछाल।
महँगाई ने छीन ली, रोटी-सब्ज़ी-दाल।।

जो मानवता पर सदा, करते अत्याचार।
ऐसे लोगों के लिए, कैसा सोच-विचार।।

योगेन्द्र 'व्योम'

मूल नाम : योगेन्द्र कुमार वर्मा
जन्मतिथि : 09.9.1970
शिक्षा : बी.काम.
प्रकाशन : इस कोलाहल में (काव्य-संग्रह)।
सम्मान : अनेक संस्थाओं द्वारा सम्मानित।
संप्रति : लेखाकार कृषि विभाग उ.प्र.।
संपर्क : ए एल-49, दीनदयालनगर, फ़ेज़-प्रथम, एम.डी.ए., काँठ रोड, मुरादाबाद-244 001
मोबाइल : 94128-05981, 93597-11291

तम में रहकर दीप ने, लिखा नया अध्याय।
जो दुख में भी ख़ुश रहे, वह योगी कहलाय।।

भाषा की हद में नहीं, बँध सकता साहित्य।
ज्यों हर सीमा से परे, दे प्रकाश आदित्य।।

मन की पीड़ा कह रहे, यमक और अनुप्रास।
हम सबको तो दे दिया, अपनों ने वनवास।।

दफ़्न डायरी में हुए, कविता के अरमान।
मंचों पर तुकबंदियाँ, पाती हैं सम्मान।।

नाटक गुमसुम चुप खड़ा, भर नयनों में नीर।
शून्य सृजन की है घुटन, किसे सुनाये पीर।।

चौबिस मात्राएँ कहें, अपने मन की बात।
हम घंटे चौबीस से, हमसे हैं दिन-रात।।

निभा रहे हैं इस तरह, हम घर के दस्तूर।
तन से तो हैं पास में, लेकिन मन से दूर।।

महज औपचारिक हुए, आज सभी त्योहार।
ढूँढ़े भी मिलता नहीं, पहले जैसा प्यार।।

आशा के अनुरूप जब, नहीं रहे व्यवहार।
फिर कैसे परिवार में, बना रहेगा प्यार।।

अख़बारों में आजकल, छपते नंगे चित्र।
बच्चे उनको देखकर, करते प्रश्न विचित्र।।

खिंची-खिंची-सी ज़िंदगी, नुचे-नुचे अरमान।
बिन मंज़िल की दौड़ में, दौड़ रहा इंसान।।

जीवन में होना नहीं, मन से कभी निराश।
मंज़िल से आगे नयी, मंज़िल करो तलाश।।

रहे हमेशा क़ैद में, बीती उम्र तमाम।
सपनों ने जीभर किया, नींदों को बदनाम।।

बदल रामलीला गई, बदल गया इतिहास।
राम आजकल दे रहे, दशरथ को वनवास।।

लूट, भूख, अश्लीलता, रिश्वत, क़त्लेआम।
इन असुरों का भी करो, आकर वध श्रीराम।।

आज ख़त्म से हो रहे, नैतिक मूल्य तमाम।
फ़ैशन के इस दौर में, कपड़ों का क्या काम।।

योगेन्द्र सुंदरियाल

जन्मतिथि : 19.3.1971 (ग्राम कुरमाली, मुज़फ़्फ़रनगर)
शिक्षा : एम.ए. (हिंदी, संस्कृत, इतिहास), बी.एड.।
लेखन विधाएँ : गीत, ग़ज़ल, दोहा, कहानी आदि।
प्रकाशन : विभिन्न पत्र-पत्रिकाओं में रचनाएँ प्रकाशित।
संप्रति : अध्यापक, शिक्षा विभग, दिल्ली सरकार।
संपर्क : फ़्लैट नं. 106, सेक्टर-12, द्वारका, दिल्ली।
मोबाइल : 98684-56080.

तेरी-मेरी प्रीत में, एक अनोखी बात।
तू बेला है दिवस की, मैं अँधियारी रात।।

छोटे से पथ पर चले, ले तरुवर की छाँव।
कितनी दूर निकल गए, हाथ न आता गाँव।।

तेरे हित सहता रहा, कहीं धूप की मार।
मुझको छोड़ कहाँ बसा, पीपल रहा पुकार।।

कंप्यूटर ने कर दिए, इतने सारे काम।
मानवता ने भी लिया, कलयुग में विश्राम।।

कभी आम के बाग़ में, किया नहीं विश्राम।
रोप बनावट की क़लम, ढूँढ़ रहा आराम।।

उल्टा-सीधा खाय के, लिया उदर का रोग।
अपना मन वश में नहीं, दोषी तीखा भोग।।

बहुत तेज़ जब मैं चला, दूर रह गई राह।
कौन राह का पथिक था, ढूँढ़े कहाँ पनाह।।

वो सपनों में देखता, परी-मेनका-हूर।
सोया माँ का गीत सुन, माँ सपनों से दूर।।

देख रिक्त प्रासाद को, भूत बसेंगे आन।
फिर काहे को भेज दी, दूर देश संतान।।

सुख सूरज-सा छिप गया, जब देना था साथ।
चंदा तेरे भाग में, आई काली रात।।

पग धरती पर ही रहे, शीश गगन छू जाय।
सीढ़ी किसी बुज़ुर्ग-सी, हमको रही सिखाय।।

वो भी रोया बाद तक, घर जाने के बाद।
जिसने दी फाँसी मुझे, कहकर ज़िंदाबाद।।

वो फ़ागुन की मस्तियाँ, वो सावन के गीत।
सिर्फ़ कथाओं में रही, राधा वाली प्रीत।।

हवा चली किस ओर से, सूख गए सब पात।
कौन दिशा में बह रही, कौन दिशा की वात।।

बालक बन रोने लगा, आई माँ की याद।
झिड़की बचपन में मिली, रोया बरसों बाद।।

बेटी लाई साथ में, अनुशासन की डोर।
ज्यों दिनकर का आगमन, सुरभित कर दे भोर।।

रघुराज सिंह 'निश्चल'

मूल नाम : रघुराज सिंह
जन्मतिथि : 17.7.1942
शिक्षा : इंटरमीडिएट
लेखन-विधाएँ : गीत, ग़ज़ल, मुक्तक, व्यंग्य, दोहे आदि।
प्रकाशन : विभिन्न पत्र-पत्रिकाओं में रचनाएँ प्रकाशित।
सम्मान : विभिन्न साहित्यिक संस्थाओं द्वारा सम्मानित।
संप्रति : उत्तर रेलवे मुरादाबाद में कार्यालय अधीक्षक पद से सेवानिवृत्ति के पश्चात साहित्य-साधना।
संपर्क : 'राजमंदिर', मिलन विहार, मीरपुर, मुरादाबाद (उ.प्र.)
दूरभाष : 0591-2485933; **मोबाइल :** 94572-91528

सबसे पहले देश है, पीछे है कुछ अन्य।
जो उस पर तन वारते, जीवन उनका धन्य।।

जैसा मेरा देश है, देश न ऐसा कोय।
जब-जब 'निश्चल' जन्म हो, इसी देश में होय।।

कोई भूखे पेट है, कोई खाता खीर।
कोई जाड़े में ठिठुर, माँग रहा है चीर।।

कुत्ते घूमें कार में, जिनके लगते सैंट।
रिक्शा खींचे आदमी, पहने उधड़ी पैंट।।

'निश्चल' पैसे के बिना, सरै न कोई काम।
पैसा होवे पास तो, ठोकें सभी सलाम।।

पैसे से सम्बन्ध हैं, पैसे के सब मीत।
बिन पैसे तो हार है, पैसे से है जीत।।

पैसा ही भाई-बहन, पैसा माई-बाप।
'निश्चल' पैसा पास तो, मिटें सभी संताप।।

राजनीति में क्या घुसे, हुए कष्ट काफ़ूर।
अब नभ से बातें करें, होकर मद में चूर।।

दौलत आनी चाहिए, चाहे जैसे आय।
इनका मक़सद है यही, देश रसातल जाय।।

महँगाई ने कर दिया, बड़ा बुरा अब हाल।
आम आदमी का हुआ, जीना बहुत मुहाल।।

आसमान को छू रहे, अब चीज़ों के रेट।
बड़ा कठिन अब हो गया, भैया भरना पेट।।

आज़ादी के बाद भी, सभी दुखी-बदहाल।
महँगाई तो हो गयी, अब जी का जंजाल।।

सबका अपना मान है, सब हैं इज़्ज़तदार।
छोटा हो या हो बड़ा, जैसा जिसका कार।।

कहने का यदि शौक़ है, सुनने का भी राख।
मीठे का मालिक बने, कडुवा भी कुछ चाख।।

आवत ही बरसात के, हुई कोकिला मौन।
वक्ता हों दादुर जहाँ, बैन सुने मृदु कौन।।

समय बड़ा ही क़ीमती, समय बड़ा अनमोल।
जिसने इसको खो दिया, उसका डिब्बा गोल।।

रमाशंकर सिंह

जन्मतिथि : 01.01.1948

शिक्षा : बी.एस-सी. (कृषि)

प्रकाशन : दो कविता-संग्रह–'राहें मेरी आसान नहीं' और 'एक ख़ास शाम-एक ख़ास सुबह'।

सम्मान/पुरस्कार : राज सोशल कमेटी गोरखपुर द्वारा 'फ़िराक़' सम्मान, राजेश्वरी प्रकाशन गुना (म.प्र.) द्वारा 'पृथ्वीपुत्र' सम्मान समेत विभिन्न संस्थाओं द्वारा सम्मानित।

संप्रति : अपर गन्ना आयुक्त उ.प्र. के पद से सेवानिवृत्ति के बाद स्वतंत्र लेखन।

संपर्क : 'धर्मांश', 538-के/671, आदर्शपुरम, त्रिवेणीनगर-III, निकट बंधा रोड, लखनऊ।

मोबाइल : 94120-90513

अविरल भक्ति बहाइये, उर में हे गुरुदेव।
निशिदिन करता रह सकूँ, चरण-कमल की सेव।।

जोरि दोउ कर कर रहा, श्रद्धा विनत प्रणाम।
हे गणेश! करिये कृपा, सिद्ध कीजिए काम।।

चरणों में अर्पित करूँ, मातु गुलाल अबीर।
देकर के आशीष माँ, करदे मुझे कबीर।।

राम-राम कहते सभी, बिरले जानें अर्थ।
रामनाम रस के बिना, जीवन है यह व्यर्थ।।

मंज़िल पानी है अगर, दृढ़कर गह गुरु-बाँह।
सारी चिंता छोड़ दे, लगे धूप भी छाँह।।

गुरु छाया वट-वृक्ष की, मेटो पथिक थकान।
शीतलता आशीष लो, आगे करो प्रयाण।।

पढ़िये नित्य नियम बना, कोई एक किताब।
ज्ञान लाभ मिलता सतत्, समय न होय ख़राब।।

विषय-वस्तु जो भी रहे, प्रस्तुति में हो तथ्य।
है सुपाठ्य युगधर्म हित, जिस पुस्तक में कथ्य।।

रखिये बहुत सँभालकर, पुस्तक की संपत्ति।
विद्या बने सहाय यदि, पड़ती कभी विपत्ति।।

आदिकाल से आज तक, विद्या रही अनंत।
विद्यादान करो प्रचुर, कहते ज्ञानी संत।।

फागुन में बौरात हैं, आम, आदमी दोय।
एक मगर फल देत है, दूजा पीकर सोय।।

देसी दारू हो गई, होली की पहचान।
ठंढाई करती रही, काशी गंगास्नान।।

होली के दिन मस्त हो, नाच उठे है गाँव।
रँगे-पुते मुखड़े सभी, झाँझर वाले पाँव।।

रात नशीली जब घिरे, जुगनू दिखें अनेक।
सब कहते रवि बनेंगे, मौक़ा तो दो एक।।

मेला लगा चुनाव का, सबकी सजी दुकान।
सारे भोंपू बोलते, लो सस्ता सामान।।

चाहे मत कर दान कुछ, पर करना मतदान।
यह अधिकार नहीं महज़, है दायित्व महान।।

रमा सिंह

जन्मतिथि : 17.10.1945 (उदयपुर, राजस्थान)।

शिक्षा : एम.ए. (हिंदी), पी-एच.डी.।

लेखन-विधाएँ : गीत, ग़ज़ल, दोहा आदि।

प्रकाशन : तीन ग़ज़ल-संग्रह, दो गीत-संग्रह, एक हिंदी ग़ज़ल नवम् दशक, शोधग्रंथ 'दिनकर' के साहित्य में व्यक्तित्व की अभिव्यक्ति'।

सम्मान : महादेवी सम्मान, शिवमंगल सिंह 'सुमन' सम्मान, भवानीप्रसाद मिश्र सम्मान, कुंभा सम्मान आदि।

संप्रति : पूर्व रीडर एवं अध्यक्ष हिंदी विभाग, राणा कालेज, पिलखुवा। अब लेखन।

संपर्क : 'विश्रांत', के.एम. 159, कविनगर, ग़ाज़ियाबाद-201 002.

दूरभाष : 0120-2752683; **मोबाइल :** 94122-23973.

गौमुख से निकली नदी, सागर जाय समाय।
जीव जन्मता है कहाँ, मौत कहाँ ले जाय।।

जिसने मन के दर्द को, लिया आज पहचान।
जीवनभर वो गायगा, मीठा-मीठा गान।।

गंध कली की कर गई, सीमाओं को पार।
जिसे सिमटना आ गया, उसे मिला विस्तार।।

गूँगे-बहरे कर रहे आपस में यह बात।
दिन मटमैले हो गए, अंधी हो गइ रात।।

ईश्वर भी घबरा गया, देख मनुज का हाल।
सर्प सरीखा चल रहा, टेढ़ी-मेढ़ी चाल।।

क़र्ज़ लिया था बाप ने, कैसे हो भुगतान।
खेत-क्यार भी बिक गए, करके कन्यादान।।

झील सरीखी आँख में, भरी अचानक रेत।
जब बेटी के ब्याह में, बिके पिता के खेत।।

पलकों में पाला जिसे, लूटा जिसने नेह।
प्यारी बिटिया वो चली, आज कंत के गेह।।

नारी है महिमामयी, नवरत्नों की खान।
पर जग डूबा स्वार्थ में, नहीं सका पहचान।।

ना घर की, ना घाट की, कैसा है यह न्याय।
ममता जग में ढूँढ़ती, जीने का अभिप्राय।।

सिसक-सिसक माँ पूछती, क्या है मेरी भूल।
क्यों ये जीवन हो गया, जैसे पेड़ बबूल।।

दोनों तट के बीच में, करती रही निनाद।
एक नदी बहती रही, छोड़ सभी प्रतिवाद।।

मंथर-मंथर बह रही, मन में ले संगीत।
मुझको मिल ही जायगा, सागर जैसा मीत।।

जाने कैसे जानतीं, अम्मा मन की बात।
बिन माँगे देतीं हमें, प्यार भरी सौग़ात।।

अम्मा की आँखें मुझे, सदा दिलातीं याद।
कमज़र्फ़ों के सामने, मत करना फ़रियाद।।

मन ही मन करती रही, पिया नाम का जाप।
कल-कल स्वर में इक नदी, लेती है आलाप।।

रमेश गौतम

जन्मतिथि : 28.9.1948 (पीलीभीत)

शिक्षा : एम.ए. (हिन्दी)

लेखन विधाएँ : नवगीत, ग़ज़ल, दोहा, लघुकथा आदि।

प्रकाशन : विभिन्न पत्र-पत्रिकाओं में नवगीत, लघुकथा, लेख व बालगीतों का प्रकाशन।

प्रकाशनाधीन : नवगीत संग्रह 'आयुभर ढोता रहा जल'

सम्मान/पुरस्कार : विभिन्न संस्थाओं द्वारा सम्मानित

संप्रति : अध्यापक, एस.बी. इंटर कालेज, बरेली

संपर्क : 78बी, संजयनगर, स्टेडियम रोड, बरेली

दूरभाष : 0581-2303312, **मोबाइल** : 94114-70604

पाँव धरेंगे राम जी, कुटिया देर सबेर।
चख-चखकर रक्खो तनिक, शबरी जैसे बेर॥

रामराज लाने चले, सिर पर धरे विवाद।
एक बार तो बोलते राम-भरत संवाद॥

चतुर खिलाड़ी ने चली, ऐसी टेढ़ी चाल।
चढ़े डूबती नाव पर, रंग अबीर-गुलाल॥

रँगी देह को देखकर, ऐसा हुआ लगाव।
धूल-धूसरित हो गये, सब संन्यासी भाव॥

केवल रहे टटोलते, पूँजी ख़ातेदार।
वोट बैंक के द्वार पर, लंबी लगी कतार॥

उफनाया ताज़ा लहू, भरे सरोवर ताल।
नामी मछुआरे मिले, डाले उनमें जाल॥

सुबह बनारस की जली, मरी अवध की शाम।
अपने ही हाथों हुआ, अपना क़त्ले-आम।।

गंगा अब किससे कहे, तन-मन का संताप।
एक नदी की सभ्यता, रोती है चुपचाप।।

सीप शंख सब चुन लिए, ऊँचे बेचे हाट।
बैठे मरुथल ताकते, अब काशी के घाट।।

गंगा मैली हो गई, किसको इसका ध्यान।
मोक्षदायिनी मानकर, करते रहे नहान।।

क्षमा नहीं कर सकेगा, हमें कभी इतिहास।
पूरी गंगा पी गये, फिर भी बुझी न प्यास।।

कहने में आती कहाँ, कोई सच्ची बात।
विष को पीने की कला, जाने बस सुकरात।।

कुछ भी तो बदला नहीं, बस बदले सुल्तान।
माथा पकड़े खेत हैं, सूली चढ़े किसान।।

परिवर्तन के नाम पर, उल्टी पड़ी बिसात।
जुगनू दिन को ढूँढ़ता, तितली ढूँढ़े रात।।

तन की उज्ज्वलता लिखें, काव्य कला के पीर।
मटमैले मन की कथा, लिखते सिर्फ़ कबीर।।

बड़ी बदचलन हो गयी, दफ़्तर वाली मेज़।
सत्यापित होने लगे, फ़र्ज़ी दस्तावेज़।।

रमेशचंद्र शर्मा 'विकट'

जन्मतिथि : 10.7.1937 (बदायूँ)

शिक्षा : एम.ए. (हिन्दी, संस्कृत), बी.एस-सी., एल.टी., डिप इन तामिल, सिद्धान्त रत्न।

प्रकाशन : 'माँ रेणुका' (खण्ड काव्य), 'प्यार की गंध' (दोहा-संग्रह)।

सम्मान : अनेक संस्थाओं द्वारा सम्मानित एवं पुरस्कृत।

विशेष : सन् 1972 से 1984 तक बरेली-मुरादाबाद शिक्षक-निर्वाचन क्षेत्र से उ.प्र. विधान-परिषद के सदस्य रहे। 'माँ रेणुका' पर लघु शोधप्रबंध।

संप्रति : अवकाश प्राप्त प्रधानाचार्य

संपर्क : पश्चिमी मुख़्तयार बिल्डिंग, सुभाषनगर, बरेली।

मोबाइल : 96343-96643

जीत नहीं पाई कभी, कोयल वह विश्वास।
जिसको कागा पा गया, रहकर घर के पास।।

नदियों के मृदु नीर का, यद्यपि मिला प्रसाद।
फिर भी रहा समुद्र के, जल का खारा स्वाद।।

चलने को तो चल पड़ा, 'फास्टफूड' का दौर।
सत्तू खाने का मज़ा, लेकिन है कुछ और।।

डूब गये सब स्वार्थ में, पाकर सत्ता स्वाद।
कौन शहीदों के लिए, अब करता है याद।।

कहने को जनतंत्र है, हम सब हैं आज़ाद।
पर आरक्षण ने किया, सब भविष्य बरबाद।।

चाहे पढ़कर फेंक दे, यह दुनिया अख़बार।
कुंद मगर होती नहीं, समाचार की धार।।

शांति, अहिंसा त्यागकर, लोग कर रहे युद्ध।
याद कभी आते नहीं, गाँधी, गौतमबुद्ध।।

अस्पताल जो थे कभी, सेवा के आधार।
करने लगे मरीज़ से, अब खुलकर व्यभिचार।।

हिंदू-मुस्लिम में किया करते हैं जो भेद।
उन लोगों का हो गया, शायद ख़ून सफ़ेद।।

यह कैसा जनतंत्र है, यह कैसा मतदान।
वोट पड़े थे शेर को, जीता तीर-कमान।।

दंगों में जलता रहा, गाँधी का गुजरात।
नेता करते रह गये, सिर्फ़ अमन की बात।।

अजर-अमर है आत्मा, नश्वर सिर्फ़ शरीर।
जो ख़रीद ले मृत्यु को, सबसे बड़ा अमीर।।

अहंकार में मर गया, रावण-सा विद्वान।
कर सेवा यश पा गये, पवनपुत्र हनुमान।।

राष्ट्रगान का जब कहीं, आता है उल्लेख।
दिल रो पड़ता 'ग्लोब' में, सिंधु नदी को देख।।

गोरक्षा के नाम पर, देकर के वक्तव्य।
रहे निभाते आज तक, हम अपना कर्तव्य।।

बरगद, पीपल, नीम की, वह सुखदायक छाँव।
इन शहरों में है कहाँ, जो दे मेरा गाँव।।

रमेश मैहरोत्रा

जन्मतिथि : 15.3.1934

शिक्षा : बी.ए.

प्रकाशन : भजनों की छः पुस्तकें प्रकाशित।

विशेष : विभिन्न गायकों द्वारा भजन गाये गये।

संप्रति : पश्चिम रेलवे कोटा (राजस्थान) से 1992 में सेवानिवृत्ति के पश्चात निरंतर लेखन।

संपर्क : द्वारा डा. राजकपूर, साईंमंदिर रोड, मधुवनी, मुरादाबाद-244 001

दूरभाष : 0591-2450450; **मोबाइल** : 94122-36650

जनम मिला संसार में, कर नेकी का काम।
क्यों करता है पाप तू, भूल गया अंजाम।।

जोगी देखे बहुत-से, करें भजन दिन-रात।
मन का कपट न जाय तो, राम न देता साथ।।

माया, ममता, लोभ, छल, इनसे कैसी प्रीत।
ये मछली की भाँति हैं, चलते हैं विपरीत।।

नफ़रत के इस दौर में, धर्म बना व्यापार।
वहशी लोगों ने सदा, झुलसाया संसार।।

सुख में देते साथ सब, दुनिया का दस्तूर।
बुरा वक़्त जब-जब पड़े, हो जाते सब दूर।।

धन्य तुम्हारे भाग्य जो, जनम मिला अनमोल।
नेक काम करते चलो, मीठे बोलो बोल।।

अहंकार है ज्ञान में, प्रेम समर्पण होत।
तर्क करे ज्ञानी सदा, प्रेम भक्ति का स्रोत।।

धन संचय कर रख लिया, ख़ूब किया व्यापार।
प्रभु की कृपा न पाई तो, सब कुछ है बेकार।।

करी कमाई उम्रभर, धेला किया न दान।
क्या पायेगा प्रभु-कृपा, ओ मूरख इंसान।।

सेवा कर इंसान की, रख सबसे ही प्रीत।
जिसने पकड़ी राह यह, होती उसकी जीत।।

अँधियारा जो दिख रहा, उससे तो घबराय।
मन की काली छाँव क्यों, तुझको नज़र न आय।।

जितना चाहो वैद्य से, करवा लो उपचार।
साथ न हो जब तक दुआ, सब कुछ है बेकार।।

सुख-दुख मन की भावना, कहते ज्ञानी लोग।
सबको पड़ते भोगने, ख़ुद कर्मों के भोग।।

चंचल मन की होत है, ऊँची बहुत उड़ान।
अंकुश इस पर रख तनिक, बात न इसकी मान।।

कोरे काग़ज़ पर कभी, छिपता नहीं निशान।
यदि विकार मन में पले, लेंगे सब पहचान।।

औरों का सुख देखकर, तू काहे ललचाय।
संतोषी सुख में रहे, चंचल मन दुख पाय।।

रवीन्द्र मोहन 'अनगढ़'

जन्मतिथि : 11.10.1951

शिक्षा : स्नातक

प्रकाशन : विभिन्न सहयोगी संकलनों एवं पत्र-पत्रिकाओं में रचनाएँ प्रकाशित।

लेखन विधाएँ : गीत, ग़ज़ल, दोहे, मुक्तक, लेख, समीक्षा, छंद आदि।

सम्मान : विभिन्न संस्थाओं द्वारा सम्मानित।

संप्रति : व्यवसाय।

संपर्क : 240, सिविल लाइंस, चौपुला, सिटी स्टेशन रोड, बरेली (उ.प्र.)।

दूरभाष : 0581-3243626

देव दनुज मानव सभी, इस जग में ही जान।
हो जाती है कर्म से, अलग-अलग पहचान।।

धरा, वायु, पानी, अगन, सँग मिलता आकाश।
बनती मानव देह तब, मिलता ब्रह्म प्रकाश।।

पवन बहे, जीवन चले, पवन बिना अवरुद्ध।
पेड़ नहीं काटो सखे, करें पवन जो शुद्ध।।

पीपल पुजता इसलिए, करता शोधन वात।
अन्य वृक्ष बस धूप में, पीपल हर क्षण तात।।

कृष्ण पूछते, राधिके! कहाँ गये वे पेड़।
जिनमें छिपकर बैठते थे गोपी को छेड़।।

राम कहें सीता सुनो, कटे सभी झरबेर।
जिनसे चुनती थी कभी, शबरी मीठे बेर।।

दिया मात ने यदि हमें, सरस ज्ञान भंडार।
तो अपना कर्तव्य है, करें प्रकट आभार।।

रोग, शोक, सुख, भोग अरु, जनम, मरण, नर देह।
देता सब जगदीश है, कर उससे ही नेह।।

पात, पुष्प, तरु, डाल, फल, जग में बहु विधि तात।
करता पालन सभी का, परम-पिता विख्यात।।

आदम-हव्वा की सभी, हैं मानव संतान।
वर्ण भेद में बाँटता, क्यों नादाँ इंसान।।

माटी तन की तज गया, आगे अंधा कूप।
ना जाने किस योनि में, पायेगा नव रूप।।

जिसको जीवन में कभी, मिला न जिनका प्यार।
उनके काँधे पर हुआ, वो ही आज सवार।।

जीव जन्मते ही बना, निर्धन या धनवान।
संचित कर्मों ने रचा, ऐसा दैव विधान।।

वन वृक्षों को देख लो, हो जाते आबाद।
देते ईश्वर ही उन्हें, पानी, पोषक खाद।।

व्हीकल वेरी फास्ट है, मोबाइल है कान।
ऐसे ही अक्सर दिखें, सड़कों पर नादान।।

जीर्ण-शीर्ण, दूषित-मलिन, थी जिसकी पहचान।
उसे काल ने दे दिये, धवल-नवल परिधान।।

डा. राजकुमार शर्मा

जन्मतिथि : 15.9.1953 (सेहरामऊ उत्तरी, शाहजहाँपुर)
शिक्षा : एम.ए. (हिंदी साहित्य), पी-एच.डी.
प्रकाशन : पीढ़ी बोल उठी, धूप इस ओर नहीं आती, स्मृतियों के बीच निराला, भुवनेश्वर : व्यक्तित्व एवं कृतित्व, भुवनेश्वर साहित्य, नई कहानी की पहली कृति भेड़िए, भुवनेश्वर के नाटक : चिंतन और स्वरूप, अग्निसंभवा, ययाति-शर्मिष्ठा, तू-तू-मैं-मैं, मृगतृष्णा, भुवनेश्वर की आत्मकथा तथा बाल साहित्य की दस पुस्तकें।
सम्मान/पुरस्कार : उ.प्र. हिंदी संस्थान लखनऊ द्वारा पाँच पुरस्कार।
संप्रति : महासचिव, भुवनेश्वर प्रसाद शोध संस्थान, शाहजहाँपुर।
संपर्क : 'कल्पतरु', ज़ियाखेल, शाहजहाँपुर (उ.प्र.); **मोबाइल :** 93355-50229.

प्रीति सयानी हो गई, युवा-रूप, रस गंध।
आम्र-बौर-सी लग रही, सोंधी हर सौगंध।।

पीहर में पाती मिली, बढ़ी प्रेम की पीर।
सोचि पिया से मिलन-रति, तन-मन भयो अबीर।।

रतनारी आँखें मिलीं, यौवन चढ्यो अनंग।
कमल-पाँखुरी की छुअन, डारि गयी सब रंग।।

फगुनाहट के हो गए, सुना प्रेम संबंध।
बिन बरात कैसे खुलें, भला लाज के बंध।।

चली रंग में डूबि के, यों गुनगुनी बयार।
भीजे तन-मन के बसन, भीजि गयो त्योहार।।

गेहूँ की बालें हँसीं, देखि प्रकृति का रूप।
मन-उपवन में खिल उठी, सुघड़, सलोनी धूप।।

सिकुड़ी-सकुची दिख रही, यों फागुनी बयार।
दुलहिन ज्यों ससुराल में, पहली-पहली बार।।

बिन बोले यौवन कहे, फागुन के संदेश।
तिरछी चितवन कह गयी, जो कुछ था अवशेष।।

भरे अंग मुश्किल किये, फागुन में इस बार।
झुकनि, हँसनि, चितवनि, उठनि, माँग रही अभिसार।।

रूप अधर की बाँसुरी, देह भई करताल।
मन-वीणा झंकृत हुई, जब पहुँची ससुराल।।

मादक नयनों में भरे, फागुन के सब रंग।
इंद्रधनुष से निखरते, तिरछी चितवन संग।।

धरे चंद्रमा माथ पर, रची महावर पाँव।
फगुनाहट जोड़ा पहन, आयी अपने गाँव।।

फगुनाहट चंचल भई, हर प्रस्तुति सस्नेह।
मन टेसू-टेसू हुआ, केसर-केसर देह।।

खिली पाँखुरी पर पड़े, मोरपंख के रंग।
हुए पंच-शर मदन के, खुले अधखुले अंग।।

घूँघट में फागुन निरखि, चहक उठी ससुराल।
तनिक खसकि आँचल गयो, भौजी भईं गुलाल।।

चलो दोस्तो! हम नई, दुनिया करें तलाश।
जले न कोई घर जहाँ, गिरे न कोई लाश।।

राजगोपाल सिंह

जन्मतिथि : 01.7.1947 (बिजनौर, उ.प्र.)

प्रकाशन : ग़ज़ल संग्रह- 'ज़र्द पत्तों का सफ़र', 'खुशबुओं की यात्रा', 'बरगद ने सब देखा है'; काव्य संग्रह- 'चौमास'। संपादित ग़ज़ल संकलन- 'हिंदी की चर्चित ग़ज़लें' व ऑडियो सीडी तथा कैसेट 'परवाज़'।

संपर्क : बी-39, न्यू गोपालनगर, ढाँसा रोड, नजफ़गढ़, नई दिल्ली।

मोबाइल : 98108-31831.

ताज़ा है सब आज भी, सूखे हुए गुलाब।
शब्द-शब्द महका रही, सुधियों रची किताब।।

मेरा और समुद्र का, इक जैसा इतिहास।
जल ही जल है कंठ तक, फिर भी बुझे न प्यास।।

महानगर की धूप में, जब भी झुलसे पाँव।
याद बहुत आई मुझे, पीपल तेरी छाँव।।

संकेतों में कर रहे, सबके मन की बात।
झूम-झूमकर बावरे, ये पीपल के पात।।

नदियाँ, मीठी बावड़ी, चाँदी जैसी झील।
धीरे-धीरे हो गईं, दलदल में तब्दील।।

अमरबेल से फूलते, नित सरमाएदार।
निर्धन को ही मारती, महँगाई की मार।।

घर में जैसे बेवजह, पड़ा हुआ सामान।
अधरों पर कुछ इस तरह, टँगी हुई मुस्कान।।

आँख खुले तो चाहिए, चाय और अख़बार।
बेमानी हैं आँकड़े, चौदह मरे कि चार।।

हम तो सोये चैन से, पल-पल देखे ख़्वाब।
माँ कितना सोई-जगी, इसका नहीं हिसाब।।

आज बहुत निर्धन हुआ, कल तक्र था धनवान।
माँ रूठी तो यूँ लगा, रूठ गया भगवान।।

माँ से बढ़कर कुछ नहीं, क्या पैसा क्या नाम।
चरण छुए औ' हो गए, तीरथ चारों धाम।।

खुशबू हैं ये बाग़ की, रंगों की पहचान।
जिस घर में बिटिया नहीं, वह घर रेगिस्तान।।

जिस खूँटे से बाँध दो, उससे ही बँध जाय।
बाबुल तेरी लाडली, इक गूँगी-सी गाय।।

चलियो अब सिर तान के, बिटिया चली विदेश।
गंगा-तट तज आइयो, सब चिंता, सब क्लेश।।

तेरे जैसी ही हुई, मैं शादी के बाद।
आती तो होगी तुझे, 'मिट्ठू' मेरी याद।।

इनकी बाँहों में बसा, स्वर्ग सरीखा गाँव।
बाबूजी इक पेड़ हैं, अम्मा जिसकी छाँव।।

राजबहादुर सिंह 'राज़'

मूल नाम : राजबहादुर सिंह राठौड़

जन्मतिथि : 15.5.1947 (आगरा)

शिक्षा : एम.ए. (हिंदी साहित्य), बी.एड., साहित्यरत्न।

प्रकाशन : माटी के गीत, दोहामणि माल, क्रांतिपथ (नाटक), राष्ट्रार्चना, स्वरसंधान।

सम्मान : विभिन्न सांस्कृतिक एवं साहित्यिक संस्थाओं द्वारा सम्मानित।

संप्रति : प्रधानाचार्य गंगादेवी विद्या मंदिर रामबाग, आगरा।

संपर्क : 17बी/4, बल्केश्वर कालोनी, आगरा-282 004 (उ.प्र.)

दूरभाष : 0562-2541622, 2344137; **मोबाइल :** 93599-04036

श्वेत वसन कमलासना, तू है ज्ञान निधान।
सब देवों से अलग है, माँ तेरी पहचान।।

वन-उपवन औ' बाग़ में, ऐसा होवे भोर।
कली-कली मन की खिले, नाच उठे मन मोर।।

घट से छलके सुधा अरु, करे जगत रसपान।
गूँजे घर के आँगना, सप्त स्वरों की तान।।

सद्‌गुण-सत्य विचार से, बढ़े देश का मान।
मेरे प्यारे देश की, तिलभर घटे न शान।।

व्यसन छोड़ दे मनुज तो, हो जग का कल्यान।
निश्चय ही बच जायगा, निज संस्कृति सम्मान।।

तेरे द्वारे पर खड़े, हम बालक मतिमंद।
थाम लेखनी शारदे, लिखें नये कछु छंद।।

सदा डूबती नाव की, तू ही खेवनहार।
जब-जब करी गुहार तो, बनी सदा पतवार।।

कानन वन में आजकल, है अजगर का वास।
विषधर फन फैला रहे, लेते गहरी साँस।।

भेदभाव को भूलकर, हो जायें सब एक।
चलें धर्म पर सभी जन, काम करें नित नेक।।

विमल बुद्धि वरदायिनी, हे जग जननि महान।
लहराये नभ में सदा, अपना विजय निशान।।

वृंदावन सूनो लगै, तुम बिन नंदकिशोर।
बाट जोहती गोपियाँ, आओ ना चितचोर।।

नाग कालिया ने करौ, स्याम विषैलौ नीर।
हे ब्रजनंदन! जानिए, जमुना जी की पीर।।

कंस-वंदिनी देवकी, कब ते रही पुकार।
कलयुग में क्यों भक्त की, फीकी परी गुहार।।

मन की कारागार के, खोलौ कपट-कपाट।
सेवकजन प्रभु आपुकी, जोह रहे हैं वाट।।

बम्ब-धमाके शांत हौं, गूँजे वंशी तान।
रसना में मिसरी घुरै, ख़ूब करैं रसपान।।

लीला ऐसी फिर रच्यौ, हे गिरिधर गोपाल।
निर्भय ह्वै विचरन करैं, गोपी-गैया-ग्वाल।।

राजमूर्ति सिंह 'सौरभ'

जन्मतिथि : 10.9.1958
शिक्षा : स्नातक।
लेखन-विधाएँ : ग़ज़ल, दोहे आदि।
प्रकाशन : ख़ुशबू आने वाली है (ग़ज़ल-संग्रह)।
सम्मान : विभिन्न संस्थाओं द्वारा सम्मानित।
संप्रति : सहायक विकास अधिकारी (समाज कल्याण)।।
संपर्क : पूरे लोहंगराय, बलिकरनगंज, प्रतापगढ़ (उ.प्र.)
मोबाइल : 99560-21495

तुझसे मिलकर यूँ लगा, पूरी हुई तलाश।
बढ़कर मैंने भर लिया, बाँहों में आकाश।।

अपनी-अपनी दृष्टि के, अलग-अलग आयाम।
भूखा सोचे रोटियाँ, सेठ नये गोदाम।।

ऐ दीपक तेरी वहाँ, कौन सुनेगा पीर।
अंधकार लिखता जहाँ, सूरज की तक़दीर।।

पर्वत-नदियाँ-बाग़-वन, सागर-झरने-झील।
कुदरत तेरे पक्ष में, इतने अधिक वकील।।

दोनों ने स्वीकार ली, अपनी-अपनी भूल।
देर तलक झरते रहे, मुक्त हँसी के फूल।।

कैसे हो पाये भला, इंसाँ की पहचान।
दोनों नक़ली हो गये, आँसू औ' मुस्कान।।

तू उतार कर फेंक दे, ये कपड़े नापाक।
तुझ पर जँचती ही नहीं, नफ़रत की पोशाक।।

चित्र देख रह जायगी, सारी दुनिया दंग।
मैं ख़ाका खींचा करूँ, तू भरता चल रंग।।

मैं भी तो गुमराह हूँ, तू भी है गुमराह।
दिल में ही रह जायगी, क्या मंज़िल की चाह।।

'सौरभ' मेरे गाँव का, हाल न पूछो यार।
सस्ती बिकती दुश्मनी, महँगा बिकता प्यार।।

नदिया सूखी प्रेम की, बची घृणा की रेत।
खंड-खंड आँगन हुए, टुकड़े-टुकड़े खेत।।

प्यार, वफ़ा, वादे सभी, भूल गये श्रीमंत।
जनता दुखी शकुंतला, नेतागण दुष्यंत।।

हर दामन पर दाग़ है, धूमिल है हर ताज।
काजल वाली कोठरी, हुई सियासत आज।।

सारस का जोड़ा दिखा, आज सरोवर तीर।
मन तेरे सँग हो गया, मेरे साथ शरीर।।

याद अचानक आ गई, सागर की सौगंध।
ऐसी उफनाई नदी, टूट गये तटबंध।।

सुघर-सलोनी ब्याहता, पुरवा हुई दबैल।
जग से घर में आ गई, पछुआ चपल रखैल।।

राजासाब फतेहपुरी

मूल नाम : राजाराम सोनकर

जन्मतिथि : 04.7.1947

शिक्षा : स्नातक

लेखन विधाएँ : कुंडलियाँ, दोहे।

प्रकाशन : 1. अंगूर की बेटी, 2. तीर्थयात्रा के रंग, 3. लालपरी (खंडकाव्य)

सम्मान : विभिन्न प्रतिष्ठित संस्थाओं द्वारा सम्मानित।

संप्रति : सहायक चीनी आयुक्त पद से सेवानिवृत्ति के बाद साहित्य-सृजन में रत।

संपर्क : सी-2/250, सेक्टर-एफ़, जानकीपुरम, लखनऊ (उ.प्र.)

मोबाइल : 94123-45172

कण-कण में फैली हुई, प्रेम इत्र की गन्ध।
राहगीर से भी यहाँ, प्रियजन-सा सम्बन्ध।।

काम करो मन से मनुज, करो प्रेम से बात।
बहुत बड़ी है देश को, यह छोटी सौग़ात।।

मूड़ मुड़ाती नारियाँ, साधू रखते केश।
यह धर्मों का देश है, यह पर्वों का देश।।

देह पवन शीतल करे, जल धोये हर चाम।
देश चमन की घास भी, करे दवा का काम।।

ढोलक बजती है यहाँ, डफली ड्रम करताल।
कलाकार इस देश के, हैं गुदड़ी के लाल।।

भारतवासी जन सभी, करो प्रेम बरसात।
भीतर अपने देश के, करो न भीतरघात।।

प्रीति, रीति, सत् जन यहाँ, प्रेम, त्याग, बलिदान।
यहाँ पिता का मान है, यहाँ सुता का दान।।

मेले-ठेले हैं यहाँ, स्वामी-सेवक-दास।
भूख-जलन सबकी अलग, अलग अनबुझी प्यास।।

कष्ट हरें सबके अगर, कष्ट रहें ना शेष।
दुख उपजाते हम सभी, सुख उपजाता देश।।

सज्जन तो सज्जन रहे, सह लेता हर पीर।
बहती गंगा कब कहे, गंदा करो न नीर।।

मरना चाहे तू अगर, गया जगत से ऊब।
डूबे मत तालाब में, प्रेमकुंड में डूब।।

कण-कण में जग स्वर्ग है, कण-कण में सुख प्यार।
रोगी से मत पूछिए, कैसा है संसार।।

गर्व-ताप से मत तपो, करो न झूठी शान।
मोक्ष मिले इस देश में, करके जन-कल्यान।।

लाखों बोली देश में, अरबों रीति-रिवाज।
बहुजन सिर टोपी नहीं, कुछ जन के सिर ताज।।

न्याय धर्म सब कुछ यहाँ, लगा लोभ का रोग।
सुधर गया है देश पर, बिगड़ गये हैं लोग।।

हलुआ पूड़ी खाइए, चाहे मटर पनीर।
क्षुधा शांत करती यहाँ, सनी प्रेम-रस खीर।।

डा. राजेन्द्र मिलन

जन्मतिथि : 16.11.1937

शिक्षा : एम.ए., पी-एच.डी., साहित्य रत्न, आर.डी.एस. (लंदन)।

प्रकाशन : ठहरो क्षणभर (काव्य), नागफनी और धुआँ (उपन्यास), पापोश (कहानी), काँच के तन मोम के मन (उपन्यास), वीरांगना भीमाबाई (उपन्यास+खंडकाव्य), वीरांगना भीमाबाई (नृत्य नाटिका) समेत अन्य अनेक पुस्तकें प्रकाशित।

सम्मान/पुरस्कार : विभिन्न संस्थाओं द्वारा सम्मानित एवं पुरस्कृत।

संप्रति : कर संचयक, जनसंपर्क अधिकारी पद से सेवानिवृत्ति के बाद स्वतंत्र लेखन।

संपर्क : मिलन मंजरी, आज़ाद नगर, खंदारी, आगरा-282 002 (उ.प्र.)

दूरभाष : 0562-2601026, 2600549

नये वर्ष में रामजी, कुछ ऐसा हो जाय।
निर्धन दुखी पड़ोस में, भूखा ना सो जाय।।

वक़्त-वक़्त की बात है, फिर भी सही विकल्प।
धैर्य, प्रतीक्षा, आत्मबल, मन में दृढ़ संकल्प।।

परनिंदा से स्वयं ही, निंदित होते आप।
गुण औरों के परखिये, तबले पर दे थाप।।

धन, वैभव, यश, संपदा, फिर भी मन में चोर।
बड़ी भयावह रात यह, कब आयेगी भोर।।

सुविधा साधन संपदा, सुख की है भरमार।
फिर भी अंतर है दुखी, खोया चैन क़रार।।

उगते सूरज को करें, शत-शत बार प्रणाम।
धूप ढले पर सूर्य को, कौमा, पूर्ण विराम।।

अलगोझा की धुन सुनी, गोरी थिरके पाँव।
ठिठकी सकुची हँस पड़ी, बरगद वाली छाँव।।

उनसे क्या नैना मिले, खोया मन का चैन।
दिन काटे कटते नहीं, लगती पर्वत रैन।।

कच्ची कली अनार की, देख-देख शरमाय।
लूटें कटी पतंग को, मन रह-रह ललचाय।।

छः दिन दादा क्या रहे, सब थे बड़े अधीर।
उनके जाते ही पकी, बटलोई भर खीर।।

उनसे बनी न बात कुछ, कितनी की तकरार।
प्यार भरे दो बोल सुन, रीझ गये सरकार।।

कुछ तो ख़ूबी वक़्त की, कुछ माहौल खुमार।
कुर्सी पा बौरा गये, भूले क़ौल-क़रार।।

लिख-लिख हारे पत्र हम, उत्तर मिला न मित्र।
पत्र लिखे पढ़ रख लिए, आदत हुई विचित्र।।

रोज़ मरे सौ बार हम, बेच-बेच ईमान।
जाने कितने और दिन, 'मिलन' मरेंगे प्रान।।

कंचन, कंचुकि, कामिनी, कटि कछनी कमनीय।
तमक-झमक ही रह गई, और न कुछ पठनीय।।

आना-जाना तो अटल, जीवन का है सत्य।
पर करनी का काव्य ही, बन जाता ज्ञातव्य।।

डा. रामनिवास 'मानव'

जन्मतिथि : 02.7.1954
(तिगरा, ज़िला महेन्द्रगढ़, हरियाणा)
शिक्षा : एम.ए. (हिन्दी), पी-एच.डी., डी.लिट्.।
प्रकाशन : विभिन्न विधाओं की कुल 25 पुस्तकें प्रकशित, जिनमें नौ काव्यकृतियाँ, चार बालगीत-संग्रह, दो लघुकथा-संग्रह, दो शोधप्रबंध तथा पाँच संपादित ग्रंथ सम्मिलित हैं।
सम्मान/पुरस्कार : विभिन्न प्रख्यात संस्थाओं द्वारा सम्मानित एवं पुरस्कृत।
संपर्क : 'अनुकृति', 706, सेक्टर-13, हिसार-125 005 (हरियाणा)
दूरभाष : 01662-238720

बदले सभी विकास ने, जीवन के प्रतिमान।
घूँघट अब करने लगा, बिकनी का सम्मान।।

अंतर्मन में जब हुआ, भावों का अतिरेक।
आँखों को करना पड़ा, आँसू से अभिषेक।।

बार-बार लिखकर थकी, थककर हुई उदास।
कब लिख पाई लेखनी, आँसू का इतिहास।।

आँखों में तिरने लगी, भावों की तस्वीर।
बिन बोले ही कह गई, कितना मन की पीर।।

आँखें भी ख़ामोश थीं, और अधर भी मौन।
फिर बातें करता रहा, जाने मुझसे कौन।।

तुमने हमको क्या दिया, अरी सदी बेपीर।
छुरी, मुखौटे, कैंचियाँ, और विषैले तीर।।

सूख गई संवेदना, मरी मनों की टीस।
अब कोई रोता नहीं, एक मरे या बीस।।

अरी व्यवस्था धन्य तू, रचती क्या-क्या रास।
रावण सत्ता भोगते, और राम वनवास।।

खेल शिकारी का वही, वही दंत-नाख़ून।
जारी है अब भी यहाँ, जंगल का क़ानून।।

गाँव बने हैं छावनी, बस्ती-बस्ती जेल।
फिर भी होता है यहाँ, खुला मौत का खेल।।

आहत, अपहृत रोशनी, अंधकार की क़ैद।
खड़ीं घेरकर आँधियाँ, पहरे पर मुस्तैद।।

वट-पीपल के देश में, पूजित आज कनेर।
बूढ़ा बरगद मौन है, देख समय का फेर।।

रिश्तों में है रिक्तता, साँसों में संत्रास।
घर में भी अब भोगते, लोग यहाँ वनवास।।

कुत्ता खाये पूरियाँ, बिल्ली खाये खीर।
मगर दुष्ट के द्वार पे, भूखा मरे फ़क़ीर।।

जब-जब भी पर्दा उठा, दिखा अधूरा सत्य।
अनदेखा ही रह गया, जीवन का नेपथ्य।।

महफ़िल थी इंसान की, मुद्दा था भगवान।
वक्ता तो थे देवता, निर्णायक शैतान।।

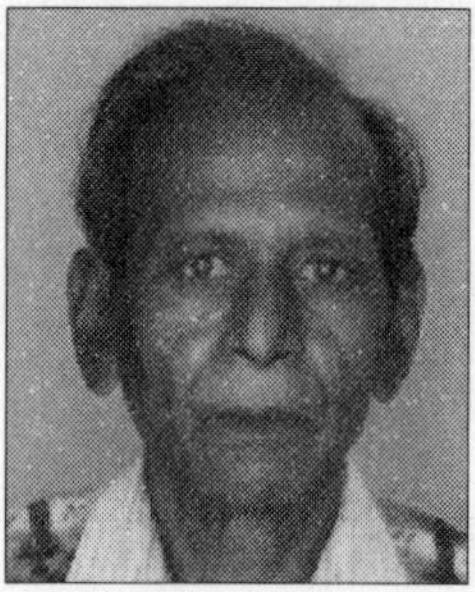

रामलाल 'अंजाना'

जन्मतिथि : 20.6.1939 (ग्राम खुनक, ज़िला बदायूँ)

शिक्षा : बी.काम.

लेखन विधाएँ : कविताएँ, गीत, दोहे, निबंध आदि।

प्रकाशन : चकाचौंध, गगन न देगा साथ, सारे चेहरे मेरे, दिल के रहो समीप, वक़्त न रिश्तेदार किसी का।

सम्मान/पुरस्कार : 11000/- का भूपराम शर्मा 'भूप' पुरस्कार समेत विभिन्न संस्थाओं द्वारा सम्मानित एवं पुरस्कृत।

संप्रति : शिक्षा विभाग उ.प्र. से सेवानिवृत्ति के बाद स्वतंत्र रूप से काव्य-साधना।

संपर्क : फ्रैंड्स कालोनी, गली नं.-2बी, मकान नं.-1, चंद्रनगर, मुरादाबाद (उ.प्र.)

मोबाइल : 92193-07272

ऐंठे-ऐंठे दिन गया, और नींद में रात।
कही-सुनी कोई नहीं, कभी प्यार की बात।।

नहीं मिटेंगे आपके, औरों के संताप।
जीवन जीने की कला, अगर न जाने आप।।

जिस माटी ने खा लिए, राजा और फ़क़ीर।
उस माटी को समझते, तुम अपनी जागीर।।

मत इतराओ इस तरह, करो न तुम अभिमान।
महलों को खँडहर करे, जब आये तूफ़ान।।

देवालय इतने बने, जिनका नहीं शुमार।
फिर भी रुक पाया नहीं, जिस्मों का व्यापार।।

दाने चुनते दिन गया, और फ़िक्र में रात।
समय कहाँ था जो कभी, करते तुमसे बात।।

बिना प्यार के ज़िंदगी, लगे अँधेरी जेल।
ठेला टूटी सड़क पर, जैसे रहे धकेल।।

सत्य कभी मरता नहीं, मारो सौ-सौ बार।
झूठ न ज़िंदा रह सके, लाख करो उपचार।।

कल क्या हो, किसको पता, छोड़ न कल पर काम।
जाने कब किस पल लगे, आगे पूर्ण विराम।।

दुनिया फूलों की नदी, ख़ुशबू इसकी धार।
बैठ प्यार की नाव में, देगी पार उतार।।

मौसम इठलाता फिरे, ख़ुशबू रहा उड़ाय।
कहीं महूरत प्यार का, देखो निकल न जाय।।

मोह-जाल में है फँसा, यह सारा संसार।
कोई मुक्त न मोह से, सबके सब लाचार।।

धीरे-धीरे लद गया, सारा ही सामान।
दो चीज़ें अब भी बचीं, स्वार्थ और अभिमान।।

देते आये प्यार के, जिन हाथों में फूल।
उन हाथों ने पीठ में, घोंपा आज त्रिशूल।।

रचना बड़ी विचित्र है, समझ न देती साथ।
पागल हो जाता सृजन, अगर न होती रात।।

डोली रक्खी द्वार पर, रूप करे सिंगार।
पल दो पल की सिर्फ़ है, यह रंगीन बहार।।

डा. रामसनेही लाल शर्मा 'यायावर'

जन्मतिथि : 05.7.1949

शिक्षा : एम.ए., पी-एच.डी., डी.लिट्.

प्रकाशन : मन पलाशवन और दहकती संध्या (गीत व ग़ज़ल), गलियारे गंध के (प्रणयपरक नवगीत), पाँखुरी-पाँखुरी (मुक्तक), सीप में समंदर (ग़ज़ल), मेले में यायावर (गीत व नवगीत), समकालीन हिंदी गीति काव्य : संवेदना और शिल्प (शोध प्रबंध, डी.लिट्.), मुखर धधकती प्यास (दोहा संग्रह प्रेस में)।

सम्मान/पुरस्कार : विभिन्न संस्थाओं द्वारा सम्मानित तथा पुरस्कृत।

संप्रति : रीडर, शोध एवं स्नातकोत्तर हिंदी विभाग, एस.आर.के. महाविद्यालय फ़िरोज़ाबाद।

संपर्क : 86, तिलकनगर, बाईपास रोड, फ़िरोज़ाबाद-283 203; **मोबाइल :** 94123-16779

कहाँ गया तेरा हृदय, पूछे नदी उदास।
हँसकर सागर ने कहा, पगली तेरे पास।।

फागुन में कैसे बने, यह मन मधुर मृदंग।
पीढ़ी इंटरनेट की, क्या जाने वह ढंग।।

छूकर पारस प्रीति का, तन-मन कंचन होय।
जाने क्यों किसने कहा, 'प्रीति न करियो कोय'।।

सावन-भादों बरसकर, हरें हृदय का चैन।
ज्यों-ज्यों टपके झोंपड़ी, त्यों-त्यों टपकें नैन।।

काफ़ी में डूबी सुबह, थकी-थकी-सी शाम।
भूल गये हम शहर में, आकर अपना नाम।।

मिली ज़िंदगी के लिए, इतनी-सी सौग़ात।
बित्ताभर की चाँदनी, मीलों लंबी रात।।

नज़र उतारी सास ने, ले पितरों का नाम।
नई बहुरिया माँगती, दिनभर खट्टे आम।।

हँसी अधर की, आँख का पानी हुआ विलुप्त।
भोर सभ्यता की हुई, तन जागा, मन सुप्त।।

डिस्कोघर में नाचता, पीढ़ी का उल्लास।
संस्कृति पोंछे स्वेद को, हाँफ रहा इतिहास।।

मैना बोली शुक सुनो, यह अपना दुर्भाग्य।
बंदूकें गढ़ने लगीं, लोकतंत्र का भाग्य।।

सुबह उदासी खा रहा, ऊब खा रहा शाम।
भूख आदमी की बढ़ी, कितनी मेरे राम।।

हँसने लगीं उदासियाँ, रोता है उल्लास।
अब तो मन के गाँव का, मुखिया है संत्रास।।

सरिता ने कण-कण दिया, अपना नीर सहास।
किंतु न बुझ पाई कभी, तृषित सिंधु की प्यास।।

ज्ञानी, ध्यानी, संयमी, जोगी, जती, प्रवीन।
फागुन के दरबार में, सब कौड़ी के तीन।।

अजब प्रीति का गाँव है, यहाँ दर्द आबाद।
पर्वत से लड़ता मिला, सपनों का फ़रहाद।।

चैन गया, सुख ने लिया जीवन से संन्यास।
जबसे सपने में मिले, सपने कई उदास।।

रुद्रदेवनारायण श्रीवास्तव
(आर.डी.एन. श्रीवास्तव)

जन्मतिथि : 10.02.1937 (बैरिया, रामकोला, कुशीनगर)
शिक्षा : एम.ए. अंग्रेज़ी
लेखन विधाएँ : ग़ज़ल, व्यंग्य-कविताएँ, दोहे आदि।
प्रकाशन : विभिन्न पत्र-पत्रिकाओं एवं सहयोगी प्रकाशनों में रचनाएँ प्रकाशित)
सम्मान : अमृतकलश सम्मान, ले. अमितसिंह मेमो. फा. कारगिल कॉलोनी, द्वारका, नई दिल्ली, हिंदी साहित्य सम्मेलन पटना (बिहार-केशरीनगर)।
संप्रति : सेवानिवृत्त प्राचार्य
संपर्क : 199/आई, शिवापुरम्, बशारतपुर (पूर्वी), गोरखपुर।
मोबाइल : 94515-18429, 94150-73889, 98397-33090.

मातु-पिता जिनको लगें, बेमतलब का भार।
उनकी भी इच्छा कि हो बेटा श्रवण कुमार।।

नेतागीरी का सदा, रखिए तंबू तान।
दफ़्न भले करना पड़े, देश, मान ईमान।।

शहरों में नितदिन दिखे, यह सामाजिक न्याय।
जीमे कूड़ेदान में, सूअर के सँग गाय।।

दिल पर जो बीते, उसे दिल जाने या राम।
आँखों ने तो कर लिया, अपना वाला काम।।

छोटी-सी तो ज़िंदगी, वह भी हुई पहाड़।
करते आये आदतन, हम जो तिल के ताड़।।

पीते घर में बैठ-मिल, दिया 'दवाई' नाम।
रोग चढ़े सिर भूत-सा, ज्योंही ढलती शाम।।

मरने को थे पी रहे, बरसों से जो लोग।
जन्मा उनकी मृत्यु से, हमदर्दी का रोग।।

बेटे, बेटी, पोतियाँ और ससुर-दामाद।
दिल्ली में मिल चखेंगे, सत्ता-सुख का स्वाद।।

अगड़ी-पिछड़ी के लिए, तू काहे बौराय।
झगड़ा खूँटे के लिए, भैंस बँधे या गाय।।

अवगुन सबसे लीजिए, गुन से कैसा नेह।
रावण-कंसों के लिए, प्रभु धरते हैं देह।।

मन में रखिए पालकर, ऐसे पावन भाव।
जो हर दिन पैदा करें, नये-नये टकराव।।

दिया पोखरन में दिखा, तुमने जो पुरुषार्थ।
मस्तक ऊँचा कर दिया, हे नवयुग के पार्थ।।

'वर्दी' तो सब जानती, अनवर्दी अनभिज्ञ।
रंग-रंग के देखिए अवसरवादी विज्ञ।।

जिनका घर-आँगन बना, आयुध का भंडार।
हम पर अंकुश चाहते, ऐसे डंडी मार।।

बिकनी में है नायिका, नायक है निर्वस्त्र।
नंगापन-सा कारगर, कोई अस्त्र न शस्त्र।।

हो जायेंगे साथ में, दुनियाभर के पाप।
थोड़ा-सा सन्मार्ग से, हटकर देखें आप।।

डा. रोहिताश्व अस्थाना

जन्मतिथि : 01.12.1949 (अटवा अली मर्दनपुर, हरदोई)
शिक्षा : एम.ए. (हिंदी), बी.एड., पी-एच.डी.।
प्रकाशन : हिंदी ग़ज़ल उद्‌भव और विकास (शोधग्रंथ), माँझी (खंडकाव्य), बाँसुरी विस्मित है (ग़ज़ल-संग्रह), माटी की गंध (उपन्यास), जलतरंग बजते हैं (गीत-संग्रह) तथा बाल साहित्य की लगभग तीन दर्जन पुस्तकें प्रकाशित।
सम्मान/पुरस्कार : उ.प्र. हिंदी संस्थान लखनऊ से सूर पुरस्कार समेत विभिन्न संस्थाओं द्वारा सम्मानित एवं पुरस्कृत।
संप्रति : अध्यापक
संपर्क : 'एकान्तिका', निकट बावन चुंगी चौराहा, हरदोई-241 001 (उ.प्र.)
दूरभाष : 05852-232392

तुम मेरी कामायनी, तुम श्रद्धा का रूप।
तुम हो छाया स्नेह की, देतीं शांति अनूप।।

तुम ग़ज़लों की प्रेरणा, तुम गीतों की गंध।
तुम छंदों की स्वामिनी, तुम हो प्रणय प्रबंध।।

दृष्टिवाण से कर दिया, तुमने मधुर प्रहार।
संग-साथ के क्षण बने, जीवन का आधार।।

तुमने यह क्या कर दिया, जपूँ तुम्हारा नाम।
तुम ही मेरी राधिका, तुम मेरे घनश्याम।।

एक प्रहर का वह मिलन, गया क्षणों में बीत।
किंतु विरह का एक पल, युग-सा हुआ व्यतीत।।

दूर हुआ तुमसे लगा, गयी देह से साँस।
तुम मेरी आराधना, तुम हो मेरी आस।।

तुम मेरी रस-गागरी, कविता की पहचान।
तुम मेरे मन में बसीं, हो शाश्वत मुस्कान।।

अक्षर सब बौने हुए, हुई कल्पना म्लान।
करूँ तुम्हारा किस तरह, हे प्रिय मैं यशगान।।

फागुन के माहौल में, पा राधा का संग।
कृष्ण प्रणय वश हो गये, अँग-अँग बसै अनंग।।

फागुन का अनुबंध था, यौवन का संबंध।
गोरी-साजन से मिली, टूट गए सब बंध।।

कहा प्रेमिका ने प्रिये, होली का त्योहार।
ला दो कुरता मखमली, तंग-तंग सलवार।।

मूर्ति अजंता की तरह, गोरी का है रूप।
साँस-साँस छाया बसे, अंग-अंग में धूप।।

आरक्षण की आजकल, हुई गर्म दूकान।
पनवाड़ी बाबू बना, पंडित बेचे पान।।

वोट बैंक के लोभ ने, सचमुच किया कमाल।
उनकी शर्तें मान लीं, जो थे ख़ास दलाल।।

हमने उनके साथ में, किए कई उपकार।
आस्तीन के साँप वे, तुरत उठे फुफकार।।

मुखिया जी ने कर दिया, सचमुच ग्राम सुधार।
जीप खरीदी पुत्र को, खुद लाए हैं कार।।

लक्ष्मण

जन्मतिथि : 15.3.1942

शिक्षा : एम.ए. (हिंदी, संस्कृत)

प्रकाशन : कोई घर में ढूँढे घर (हिंदी ग़ज़ल), अडइ-पहर उबाणको (सिंधी ग़ज़लें व दोहे), जो किनारा था कभी (हिंदी ग़ज़लें), मधु के द्वीप, बेनाम चिट्ठियाँ, रामूनामा (प्रयोगधर्मी हिंदी ग़ज़लें)।

सम्मान/पुरस्कार : केंद्रीय हिंदी निदेशालय द्वारा 25000/- के पुरस्कार समेत विभिन्न संस्थाओं द्वारा सम्मानित एवं पुरस्कृत।

संपर्क : 'काव्यम्', गांधारी गली, क़ाज़ीवाड़ा, जूनागढ़-362 001 (गुजरात)

दूरभाष : 0285-2623818, 2656035; **मोबाइल :** 93237-35932

कितनी-कितनी बार यह, अंत और आरंभ।
क्यों प्रतिपल मर-मर करें, हम जीने का दंभ।।

जगमग शहरों से कहीं दूर चलूँ ऐ काश।
चकाचौंध ने तो कई, छीन लिये आकाश।।

जिस घर में मिलती नहीं, हँसी और मुस्कान।
उसको घर कैसे कहूँ, वो तो फ़क़त मकान।।

ख़ुद की चमड़ी फाड़कर, बाहर निकलो यार।
हो सकता है कर सको, तुम अपना दीदार।।

पहले अपने आप से, होने तो दो युद्ध।
फिर संभव है पा सको, अपने भीतर बुद्ध।।

मद्धिम लौ में दीप की, मत बदलो यों वेष।
सोये दर्पण का कहीं, जागे ना उन्मेष।।

दुनिया ने जिसको कहा, इश्क, मुहब्बत, प्यार।
हमको तो यारो लगा, अश्कों का त्योहार।।

अगर ईश का चाहिए, धन-विषयक अभिप्राय।
उनको देखो जो बने, धन होते निरुपाय।।

ख़ुशी ढूँढ़ने था चला, तनहाई के साथ।
मुझको रस्ते में मिली, सिसकी एक अनाथ।।

तेरे आँसू पोंछ ले, कहाँ रहे वो मर्द।
मत बतला नादान तू, सबको दिल का दर्द।।

खुला हाथ तो रह गये, सबके सब हैरान।
जब तक मुट्ठी बंद थी, मैं भी था धनवान।।

खिलती कलिका ने कहा- सुन रे ऐ आकाश।
खुलना मेरी तरह यों, तुझको आता काश।।

मज़हब की चक्की चली, चूर-चूर इंसान।
दीमक के आगे भला, क्या गीता-क़ुरआन।।

रौंदी जाती सेज ने, जतलाया है रोष।
नींद अगर आती नहीं, तो मेरा क्या दोष।।

सूरज के सिर पर चढ़ी जब ये काली रात।
जतलाने में जुट गए, जुगनू तक औक़ात।।

कर न सका था भूल से, मैं दरवाज़ा बंद।
आँख बचाकर आ गया, मेरे घर आनंद।।

लक्ष्मीशंकर वाजपेयी

जन्मतिथि : 10.01.1955

शिक्षा : एम.एस-सी. भौतिक विज्ञान।

प्रकाशन : बेज़ुबान दर्द, ख़ुशबू तो बचा ली जाए, मच्छर मामा समझ गया हूँ (बाल कविताएँ), खंडित प्रतिमाएँ (प्रकाशनाधीन)।

सम्मान : विभिन्न संस्थाओं द्वारा सम्मानित एवं पुरस्कृत।

विशेष : कई देशों की साहित्यिक यात्राएँ।

संप्रति : केंद्र निदेशक, आकाशवाणी दिल्ली।

संपर्क : के-210, सरोजिनीनगर, नई दिल्ली-110 023.

मोबाइल : 98998-44933.

ये मन के विश्वास हैं, या हैं मन के रोग।
क्या-क्या भ्रम पाले हुए, उम्र गँवाते लोग।।

दफ़्तर से घर आ गए, दोनों ही थक-हार।
पत्नी ढूँढ़े केतली, पति ढूँढ़े अख़बार।।

फ़न के सौदे ख़ूब कर, लेकिन रख अहसास।
अलग तकाज़े पेट के, अलग रूह की प्यास।।

भारतीय गणतंत्र का, देखें आप कमाल।
राहबरों के घर मिला, राहज़नी का माल।।

इस युग में संबंध भी, लगते ज्यूँ अनुबंध।
जितनी हो उपयोगिता, बस उतने संबंध।।

बेशक पुतले ही जले, निभी दशहरा रीत।
चलो कहीं तो झूठ पर, हुई सत्य की जीत।।

दुख, आँसू, संवेदना, रिश्ते, नाते, प्यार।
इनका भी होने लगा, इस युग में व्यापार।।

मैं तो उसको दे सका, बस थोड़ा-सा प्यार।
उसने बदले में दिए, आँसू कई हज़ार।।

जबसे आई प्यार की, जीवन में सौग़ात।
फूलों जैसे दिन लगें, ख़ुशबू जैसी रात।।

राजनीति के खेल में, हैं विचित्र संयोग।
लाट टके के हो गए, दो कौड़ी के लोग।।

सफल व्यक्ति को चाहिए, जितने कठिन प्रयास।
उनसे बढ़कर चाहिए, अपने पर विश्वास।।

घबराया मन देखकर, मौसम का यह रूप।
तपे नवंबर माह में, मई-जून की धूप।।

मूरत भी उस वक़्त ही, बन पाती भगवान।
प्राण प्रतिष्ठा जब करें, उसमें कुछ इंसान।।

तीन भाग जब उम्र के, कर डाले बरबाद।
जीवन जीने की हमें, तब आई है याद।।

देखूँ जब-जब डिग्रियाँ, दिखते हैं हर बार।
अम्मा के गिरवीं रखे, पायल, कंगन, हार।।

अपने सुंदर स्वप्न जो, कर लेते साकार।
उनकी ही है ज़िंदगी, उनका ही संसार।।

लोचन सक्सेना

पूरा नाम : कुँवर बिहारी सक्सेना
जन्मतिथि : 31.10.1952
शिक्षा : एम.ए. (हिंदी साहित्य)
लेखन-विधाएँ : कविता, दोहे आदि।
प्रकाशन : कविता की आठ पुस्तकें प्रकाशित।
सम्मान : विभिन्न संस्थाओं द्वारा सम्मानित।
संप्रति : अभिनय, मॉडलिंग एवं काव्य-सृजन में रत।
संपर्क : 311, जॉली भवन-2; 7, न्यू मरिन लाइंस, चर्च गेट, मुंबई-400 020
दूरभाष : 022-22624737, 22624747; **मोबाइल** : 93234-46490

वृक्ष तपन खुद ही सहे, औरों को दे छाँव।
पर उपकारी से सुखी, रहता सारा गाँव।।

सज्जन वृक्ष समान हैं, कभी न करते भूल।
पत्थर भी मारो अगर, देते हैं फल-फूल।।

है विनम्रता चीज़ क्या, वृक्ष हमें सिखलाय।
जितने फल लदने लगें, उतना झुकता जाय।।

वृक्ष काटना पाप है, उनमें भी है जान।
पाँव कुल्हाड़ी मारिये, हो जायेगा ज्ञान।।

वृक्षों को ही है मिला, कुछ ऐसा वरदान।
वृक्ष सहारे बैठकर, प्रेम चढ़े परवान।।

पतझर संकट है नहीं, पतझर जीवन-सार।
वृक्ष सलामत हो अगर, फिर से खिले बहार।।

बुरा लगे है सत्य जो, उसे छिपाना ठीक।
तन के कपड़ों से यही, सीख सके तो सीख।।

भला पड़ोसी पा गए, स्वर्ग पा गए आप।
बुरा पड़ोसी हो अगर, तो समझो अभिशाप।।

जिस घर में रिश्ते नहीं, नहीं प्यार-सम्मान।
वो घर तो घर है नहीं, वो है एक मकान।।

दुष्टों की संगति सदा, सबको दुष्ट बनाय।
ज्यों विष में पानी मिले, पानी विष हो जाय।।

जहाँ प्रेम की भावना, रहे सुखी परिवार।
घर ही सबका स्वर्ग है, घर ही है संसार।।

जीवन की गाड़ी लगे, प्रगति बिना बेकार।
चल जाये तो जीत है, रुक जाये तो हार।।

सत्य सदा से है यही, नहीं बना है आज।
प्रेम और सहयोग से, बनता सभ्य समाज।।

रिश्ते ही पुल से लगें, रिश्ते ही दीवार।
कभी राह को रोक दें, कभी लगा दें पार।।

सोने की छत आपकी, चाँदी की दीवार।
पर वह घर किस काम का, घर में अगर न प्यार।।

समय बड़ा बलवान है, बदले यह तक़दीर।
निर्धन तो राजा बनें, राजा बनें फ़क़ीर।।

विजय उपाध्याय मेरठी

जन्मतिथि : 25.01.1943

शिक्षा : एम.ए. (हिंदी व राजनीतिशास्त्र), एल.टी.।

लेखन विधाएँ : गद्य में- उपन्यास, डायरी, निबंध, कहानी, लघुकथा, संस्मरण, जीवनी; पद्य में- कविता, ग़ज़ल, दोहा, नज़्म, गीत, रुबाई, क्षणिका, हाइकु आदि।

संप्रति : सेवानिवृत्त प्रवक्ता, अब स्वतंत्र लेखन।

संपर्क : क्यू.बी. 54/2, हस्तिनापुर, मेरठ (उ.प्र.)

मोबाइल : 97194-90162

ज्ञानी जी का हो गया, पढ़ा-गुना सब व्यर्थ।
बदल दिये हालात ने, जीवन ही के अर्थ।।

कुछ मत मित्रो पूछिए, आज क़ौम का हाल।
हंस चले हैं सीखने, अब कौओं की चाल।।

लोग बड़े, घर-दर बड़े और बड़े पद नाम।
बाक़ी सब बातें बड़ी, छोटे केवल काम।।

फिरा ढूँढ़ता शहर में, सारी उम्र मकान।
आख़िर को झक मारकर, पहुँचा क़ब्रिस्तान।।

सबके पीछे धर्म था, जितने हुए फ़साद।
शहर हमारा कर दिया, मज़हब ने बरबाद।।

बहुत रहा परदेस में, चल सजनी के गाँव।
सफ़र ज़रा-सा धूप का, फिर पलकों की छाँव।।

रंगमंच है ज़िंदगी, सच कहते हो यार।
ख़ूब चुना पर आपने, मुर्दे का किरदार।।

तुमने सोची ज़िंदगी, मैंने सोचा प्यार।
पागल तो मैं ही रहा, तुम निकले हुशियार।।

वह क्या सोचेगा जिसे, आयी नहीं खरोंच।
तू ही लहूलुहान है, पगले तू ही सोच।।

यह बाज़ी है प्रेम की, अद्भुत मेरे यार।
या दोनों की जीत है, या दोनों की हार।।

किसे चाहिए संपदा, किसे चाहिए नाम।
कट जाये आराम से, बस जीवन की शाम।।

इससे अच्छा जानवर, यह कैसा इंसान।
शरमा जाये देखकर, इसको तो शैतान।।

किसी वृक्ष से पूछिए, क्या होता परमार्थ।
सीखोगे इंसान से, तो सीखोगे स्वार्थ।।

परदे में परमार्थ के, स्वार्थ साधते लोग।
इस धंधे में नित्य अब, चलते नये प्रयोग।।

जनता का यह राज भी, अजब चीज़ है यार।
जनता को ही लूटती, जनता की सरकार।।

शोर मचाते रह गए, घोटालों पर लोग।
मौन हुई सरकार तो, बैठाकर आयोग।।

विनय साग़र

मूल नाम : विनय जायसवाल
जन्मतिथि : 29.01.1959 (बरेली)
शिक्षा : इंटरमीडिएट
लेखन विधाएँ : गीत, ग़ज़ल, दोहा, भजन आदि।
प्रकाशन : देश की विभिन्न पत्र-पत्रिकाओं में रचनाओं का प्रकाशन।
सम्मान : विभिन्न संस्थाओं द्वारा सम्मानित।
संप्रति : निजी व्यवसाय।
संपर्क : 846, शाहबाद, गोंदनी चौक, बरेली-243 003.
मोबाइल : 93193-68910

सूरज की अठखेलियाँ देख हुए बेहाल।
जले स्वयं की प्यास में, नदी-पोखरे-ताल।।

तप्त धरा पर आ गई, मेघों की बारात।
कई दिनों तक होयगी, अब शायद बरसात।।

सूरज के भी अहं को, दी बादल ने मात।
सूखी धरती पर हुई, आज ख़ूब बरसात।।

रामराज की कल्पना, हार गई हर दाँव।
फिर बापू के देश में, सजे विदेशी गाँव।।

कुछ ऐसे भी हादसे, हुए हमारे साथ।
सोना भी मिट्टी हुआ, जहाँ लगाये हाथ।।

समय निगोड़ा दे गया, कुछ ऐसी सौग़ात।
जीवनभर होती रही, आँखों से बरसात।।

रूप-रंग से हो रही, तू तो मालामाल।
तेरे सम्मुख दिख रहा, सकल विश्व कंगाल।।

छेड़ दिये हैं प्यार ने, कुछ ऐसे नग़मात।
उनकी आँखों में दिखी, अपने मन की बात।।

ख़ुशी-ख़ुशी करली वरण, संयम ने भी हार।
यौवन जब साधे मिला, अपने सब हथियार।।

मेरे वश में क्या रहा, क्या देता उपहार।
मन-प्राणों पर कर लिया, जब तुमने अधिकार।।

गली-गली में मच रहा, होली का हुड़दंग।
बालम होते खेलती, मैं भी उनके संग।।

उसने मुख पर मल दिया, ऐसा आज गुलाल।
मन-भीतर बजने लगी, फागुन की स्वर-ताल।।

पिचकारी की मार से, भीग गये सब अंग।
कामदेव की आँख में, उठने लगी तरंग।।

चोर लूटता ही रहा, कंचन-सा सिंगार।
मंत्र-मुग्ध बैठा रहा, मनवा थानेदार।।

उसका यह व्यवहार था, आज हमारे संग।
जैसे कोई फाड़ दे, लूटी हुई पतंग।।

दिनभर उसके नाम का, चलता रहा प्रसंग।
रात हुइ तो देह को, डसने लगा अनंग।।

विज्ञान व्रत

जन्मतिथि : 17.8.1943 (ग्राम तेड़ा, मेरठ, उ.प्र.)
शिक्षा : एम.ए. फ़ाइन आर्ट ड्राइंग व पेंटिंग (आगरा), डिप्लोमा फ़ाइन आर्ट (राजस्थान)
प्रकाशन : ग़ज़ल-संग्रह- 'बाहर धूप खड़ी है', 'चुप की आवाज़', 'जैसे कोई लौटेगा' व 'तब तक हूँ' तथा दोहा-संग्रह 'खिड़की भर आकाश'।
सम्मान/पुरस्कार : विभिन्न संस्थाओं द्वारा सम्मानित एवं पुरस्कृत।
संपर्क : एन-138, सेक्टर-25, नोएडा-201 301.
दूरभाष : 0120-2535138; **मोबाइल :** 98102-24571

मेरा नम्र प्रयास है, अब जीवन के हेतु।
शायद दोहों से बने, ध्वस्त हुआ जो सेतु।।

जबसे नगरी में बना, चुप रहना क़ानून।
हम जैसों की चुप्पियाँ, हुईं और बातून।।

राजा देखे महल से, खिड़की भर आकाश।
फ़ुटपाथों की ज़िंदगी, उसको दिखती काश।।

बस्ती जलती देखकर, राजा था हलकान।
चढ़ा अटारी देखने, काम हुआ आसान।।

औंधे मुँह नीचे गिरे, गुंबद के आदर्श।
दीवारों के दिल फटे, हँसी उड़ाये फ़र्श।।

जारी है हुक्काम का, जनता को फ़रमान।
आँखों में सागर रहे, चेहरा रेगिस्तान।।

राजा तेरे द्वार से, निकला आज जुलूस।
जनता के आक्रोश को, कुछ तो कर महसूस।।

तू तो बैठा महल में, तुझको क्या मालूम।
खुले गगन के आसरे, काटे रात हुजूम।।

इस बस्ती के हाल का, मालिक है भगवान।
अपने हाहाकार को, कहती मंगल-गान।।

खुशबू की चोरी हुई, तितली पर इलज़ाम।
बग़िया रिश्वतख़ोर है, क्या होगा अंजाम।।

कल जंगल की आग से, पंछी जले तमाम।
वंशीवट की टेर क्यूँ नहीं सुनी घनश्याम।।

जो बेगाने दर्द को, समझे अपनी पीर।
सिर्फ़ उसी के नाम है, दुनिया की जागीर।।

दुनिया के सब लोग ही, जीते अपनी पीर।
जो औरों के दर्द को, जीता वही कबीर।।

चँवर डुलाते थक गये, जब चेलों के हाथ।
सोचा आश्रम से कहीं, बेह्तर है फ़ुटपाथ।।

चादर मैली हो गई, बचा न पाये आप।
अब जीवन में शेष है, केवल पश्चाताप।।

चुप्पी ओढ़े गीत हैं, गूँगे हुए सितार।
सन्नाटा क्यूँ छा गया, शब्दों के दरबार।।

शचीन्द्र भटनागर

जन्मतिथि : 28.9.1935

शिक्षा : एम.ए. (हिंदी, अंग्रेज़ी), बी.टी.

लेखन विधाएँ : गीत, ग़ज़ल, मुक्तक, कविता, प्रबंध काव्य, रेडियो रूपक, कहानी, समीक्षात्मक निबंध आदि।

प्रकाशन : खंड-खंड चाँदनी, क्रांति के स्वर, करिष्ये वचनं तव, हिरना लौट चलें (नवगीत-संग्रह), तिराहे पर (हिंदी ग़ज़ल-संग्रह)।

सम्मान : विभिन्न संस्थाओं द्वारा सम्मानित।

संप्रति : प्रधानाचार्य पद से सेवानिवृत्ति के बाद स्वतंत्र रूप से काव्य-लेखन।

संपर्क : ए-6, हिमगिरि कालोनी, काँठ रोड, मुरादाबाद (उ.प्र.)

मोबाइल : 93198-36707

सज्जनता से युक्त है, जो वाणी-व्यवहार।
उसको मिलता है यहाँ, सदा सभी से प्यार।।

दिन पर दिन यूँ संकुचित करो न अपनी सोच।
घर से मिटते जा रहे धैर्य, लाज, संकोच।।

संयम, सेवा है जहाँ, है सहिष्णु सहकार।
है उस घर-परिवार में बसा स्वर्ग साकार।।

जड़ से जब तक है जुड़ा, तब तक व्यक्ति महान।
कटकर अपने मूल से, नर होता निष्प्राण।।

है समाज में ही सदा, मानव की पहचान।
सबके हित में है छिपा, अपना भी कल्याण।।

होकर दूर समाज से, नर होता बेहाल।
अलग हो गई वृक्ष से, जैसे कोई डाल।।

वर्जित से बचकर चलें, पथ होगा आसान।
खाई-खंदक का रखें, क़दम-क़दम पर ध्यान।।

केवल मर्यादा रहे, जीवन का आधार।
इसके बिन जीवन-नदी, जैसे बिना कगार।।

इंद्रिय, वित्त, विचार औ' समय बनाते दास।
इनके संयम का करें, जीवन में अभ्यास।।

अपने-अपने भाग्य के, सब निर्माता आप।
कैसे पाए पुण्य-फल, जिसने बोये पाप।।

संयम-नियमितता रहे तो होता आरोग्य।
बनता यही शरीर फिर, परमेश्वर के योग्य।।

ईश्वर घट-घट व्याप्त है, करता समुचित न्याय।
उसके अनुशासन बिना, मानव है असहाय।।

जो उसमें बँधकर चला, वह पाता सम्मान।
जीवन में मिलते उसे, ईश्वर के अनुदान।।

जो अनीति से प्राप्त हो, वह उन्नति बेकार।
नीति-मार्ग पर हो हमें, अवनति भी स्वीकार।।

सद्गुण, प्रतिभा, पात्रता, औ' व्यक्तित्व महान।
इनके हित व्यवधान है, औरों का अहसान।।

सहज समझदारी रखें, डिग न सके ईमान।
ज़िम्मेदारी से बनें, धीर-वीर-बलवान।।

प्रो. (डा.) शरद नारायण खरे

जन्मतिथि : 25.9.1961 (ग्राम प्राणपुर, चंदेरी, ज़िला अशोकनगर, म.प्र.)

शिक्षा : एम.ए. (इतिहास), एल-एल.बी., पी-एच.डी.

प्रकाशन : चुभन (क्षणिकाएँ), जीवन के फूल (लेख), हक़ीक़त (कविताएँ), मुग़ल वज़ीर इतिमादुद्दौला (इतिहास संदर्भ ग्रंथ), राष्ट्रीय आंदोलन तथा साहित्य में पं. द्वारिकाप्रसाद मिश्र का योगदान (शोध-प्रबंध), दोहा-दर्पण।

सम्मान : विभिन्न प्रमुख संस्थाओं द्वारा सम्मानित।

संप्रति : प्राध्यापक एवं विभागाध्यक्ष इतिहास, शास. महिला महाविद्यालय, मंडला (म.प्र.)।

संपर्क : कोतवाली के सामने, तिलक वार्ड, मंडला (म.प्र.)-481 661

दूरभाष : 07642-253060; **मोबाइल** : 94254-84382

बेटी घर की लाज है, बेटी घर की शान।
बेटी से ही वंश को, मिलता है सम्मान।।

बेटी गृह-सेवा करे, देखभाल का काज।
बेटी से गर्वित हुआ, देखो आज समाज।।

बेटी धन दो वंश का, है दो कुल की शान।
बेटी तो है लक्ष्मी, सरस्वती की आन।।

बेटी से समृद्धि है, बेटी से सम्मान।
बेटी में दुर्गा बसी, बेटी में भगवान।।

बेटी में करुणा बसी, नेह-प्यार का वास।
बेटी तो कोमल कली, मधुर-मधुर अहसास।।

बेटी में लालित्य है, बेटी में साहित्य।
स्वयं बिराजे आन कर, बेटी में आदित्य।।

बेटी का सम्मान हो, बेटी का जयगान।
बेटी से हर्षित हुआ, देखो सकल जहान।।

खेतों में सोना उगा, हरसा रहे किसान।
निज श्रम से वो कर रहे, माटी का सम्मान।।

धरती की सेवा करें, बनकर व्रती महान।
हल तो है उनके लिए, साक्षात् भगवान।।

हरियाली उनसे पली, उनसे ही है अन्न।
यदि ना हों ये श्रमरथी, हम हो जायँ विपन्न।।

प्रकृति के वे पुत्र हैं, गुण से बने सपूत।
हम सबकी ख़ुशियाँ लिये, बने हर्ष के दूत।।

'शरद' कहे सुन लें सभी, कृषक आज भगवान।
कृषकों से ही सभ्यता, संस्कृति का सम्मान।।

देना है दुर्भाग्य को, करनी से अब मात।
उजला होगा हर दिवस, दूर भगेगी रात।।

स्वर्णिम-हियकर लग रही, खिली-खिली यह भोर।
शुभ भावों का हर तरफ़, गूँज रहा है शोर।।

अंतर्मन प्रमुदित हुआ, ख़ुशियों का आवेग।
अधर-अधर को दे रहे, नये वर्ष का नेग।।

नगरों की समृद्धि के, कृषक बने आधार।
गाँवों से गाँधी सदा, करते थे अति प्यार।।

डा. शशि जोशी

जन्मतिथि : 17.01.1975

शिक्षा : स्नातकोत्तर (हिंदी), पी-एच.डी.

लेखन-विधाएँ : ग़ज़ल, दोहे आदि।

प्रकाशन : नई उड़ान।

सम्मान : अंबिका प्रसाद 'दिव्य' स्मृति पुरस्कार (म.प्र.) समेत अनेक प्रतिष्ठित संस्थाओं द्वारा सम्मानित एवं पुरस्कृत।

संप्रति : अध्यापन।

संपर्क : प्रभारी प्रधानाचार्या, रा.क. उ.मा. विद्यालय बाँगीधार, सल्ट, अल्मोड़ा (उत्तराखंड)।

माँ मुझसे रखना सदा, तू ऐसी ही प्रीत।
तेरे चरणों में करूँ, अर्पित अपने गीत।।

तेरी हर सौग़ात मैं, लेने को तैयार।
चाहे मुझको फूल दे, चाहे दे अंगार।।

इधर-उधर चारों तरफ़, उठती मधुर सुवास।
फूल-फूल की देह पर, महक उठा मधुमास।।

ख़ुशबू, मौसम, दोस्ती, सपनों के संसार।
नई उमर ने ले लिए, नये-नये आकार।।

चढ़ती जाए आजकल, संबंधों पर धूल।
आँगन में तो फूल हैं, लेकिन दिल में शूल।।

गिरगिट के मानिंद ही, बदले मौसम रूप।
लगे आजकल गुनगुनी, सर्दी की ये धूप।।

सूरज! सर्दी में करो, तुम इतना उपकार।
बस मुट्ठीभर धूप ही, दे दो मुझे उधार।।

सपने सींचे आपके, फूलों की बरसात।
हर मौसम लाता रहे, नई-नई सौग़ात।।

मौसम हमसे छल करे, बदल-बदलकर रूप।
रहे ढूँढ़ते छाँव में, हम मुट्ठीभर धूप।

मौसम के सँग खेलती, धरती बदले रूप।
सारे उसके रंग हैं, छाया हो या धूप।।

जागी आँखों में हँसे, सपने आज तमाम।
दिल की छत पर आ गई, उम्मीदों की शाम।।

कड़ी धूप में जल गई, उम्मीदों की छाँव।
सपने तपती रेत पर, चलते नंगे पाँव।।

मुश्किल से जूझे अगर, और न मानी हार।
सारे सपने एक दिन, ले लेंगे आकार।।

जबसे निश्छल प्रेम का, मिला मुझे उपहार।
सपनों के आकाश में, बिखरे रंग हज़ार।।

छेड़ रही है प्यार की, मीठी-मीठी तान।
बैठ हवा के पंख पर, ख़ुशबू भरे उड़ान।।

पैरों में भटकन बसी, मन में है संत्रास।
जाने किसकी खोज है, जाने किसकी प्यास।।

शिवशंकर यजुर्वेदी

जन्मतिथि : 16.12.1955

शिक्षा : स्नातक

प्रकाशन : 1. अभिव्यंजना (गीत-ग़ज़ल संग्रह), 2. कुछ लिखो, कुछ करो, कुछ कहो (मुक्तक एवं छंद संग्रह)।

सम्मान : कविवर विद्यापति साहित्य वैभव सम्मान, डा. भीमराव अंबेडकर फैलोशिप अवार्ड, साहित्यकार डा. रघुवरदयाल 'पीयूष' अवार्ड आदि।

संप्रति : उत्तर प्रदेश परिवहन निगम, बरेली में सेवारत।

संपर्क : 'काव्यगंधा', 517, कटरा चांद ख़ां, बरेली।

मोबाइल : 93194-67998

बैरन मलयानल बही, पोर-पोर है पीर।
अंग-अंग घायल किए, काम-कुसुम के तीर।।

होली का उत्सव हमें, देता यह संदेश।
द्वेष मिटे, समता बढ़े, बने सुखद परिवेश।।

नाच रहे उन्मत्त सब, ढोलक, झाँझ, मृदंग।
चंग, मँजीरे भंग पी, करें आज हुड़दंग।।

रोम-रोम जब बसेंगे, संयम, स्नेह, सुभाष।
होगा पग-पग पर तुम्हें, तब सुख का आभास।।

सुख में रहते नम्र जो, दुख में संयम साथ।
श्रद्धा से सबके जुड़ें, उनके आगे हाथ।।

बेकारी के खेत में, फ़सल उगी इस साल।
लूट, फिरौती, चोरियाँ, ग़बन, डकैती, नाल।।

कोरी पाती ने कही, विरहन की सब पीर।
टूटी प्रियतम आज से, मधुर-मिलन ज़ंजीर।।

निर्धन का जीवन कठिन, सुखी यहाँ धनवान।
द्रव्य बिना गूँगे हुए, ज्ञानी औ' गुणवान।।

प्रतिभा प्रतिबंधित हुई, जेल पड़े गुणवान।
मूरख छल-बल से हुए, मुखिया और प्रधान।।

जर्जर काया प्रेम की, है बलिष्ठ विद्वेष।
मानवता के रह गये, कहीं-कहीं अवशेष।।

सच को सूखी रोटियाँ, झूठ खाय पकवान।
रोग, भोग औ' शोक ही, कलयुग की पहचान।।

नस-नस में जिसके भरा, त्याग, प्रेम, बलिदान।
पग-पग पर उसको मिला, इस जग में सम्मान।।

मापदंड उपकार का, दौलत को मत जान।
उपकारक की कामना, स्नेह सहित सम्मान।।

धर्म धारणा प्रेम की, पुरुषोचित व्यवहार।
बिना धर्म चलता नहीं, राज, काज, व्यापार।।

नाम लिखा अपने सभी, ख़ुशियों का संसार।
आँसू-आँसू पर लिखा, जनता का अधिकार।।

वाणी में ही है निहित, यश-अपयश का सार।
ज्यों कंचन के मध्य में, सुख-दुःख का अंबार।।

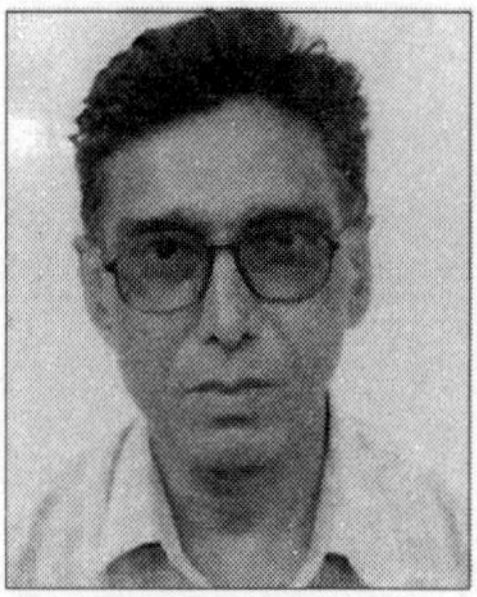

डा. शिवसेन जैन 'संघर्ष'

जन्मतिथि : 01.01.1953 (भिंड, म.प्र.)

शिक्षा : बी.एस-सी., बी.ए.एम.एस.।

लेखन-विधाएँ : गीत, कविता, दोहे आदि।

प्रकाशन : संघर्ष शतक, सपना शतक, प्यार शतक, संत शतक।

संप्रति : शासकीय आयुर्वेद औषधालय मइका, पोस्ट पोंगरी, ज़िला शहडोल (म.प्र.) में आयुर्वेद चिकित्सा अधिकारी।

संपर्क : कान्वेंट स्कूल के पास, पांडवनगर, शहडोल-484 001 (म.प्र.)।
मोबाइल : 94258-44635.

संत समागम है जहाँ, जहाँ संत का मान।
छीन कौन सकता वहाँ, अधरों की मुस्कान।।

जिन पर भी उड़ती यहाँ, संत पगों की धूल।
उनके पाँवों के तले, बिछ जाते हैं फूल।।

रंक यहाँ राजा हुए, पाकर संत प्रसाद।
स्वर्णमहल जिनके रहे, उनकी किनको याद।।

कष्ट मिटें बंधन कटें, खुलें मुक्ति के द्वार।
रहे जीव पर तीन ये, संतन के उपकार।।

हर जीवन को चाहिए, सद्‌गुरु का आधार।
सद्‌गुरु ले जाता हमें, जीवन के उस पार।।

निर्मल मन को चाहिए, निर्मल मन की छाँव।
भले दूर जाना पड़े, रख काँटों पर पाँव।।

भूला राही हूँ नहीं, दिशा मुझे है ज्ञात।
मुझे चूम जबसे गया, रो-रोकर अज्ञात।।

हर मन में ऐसे उड़ें, ख़ुशबू भरे गुलाल।
शरमा जायें फूल के, सुर्ख़ गुलाबी गाल।।

कुछ ऐसे रिश्ते जुड़ें, कुछ ऐसा व्यवहार।
मानवता की जीत हो, दानवता की हार।।

अपनों से गूँगे हुए, अपनों के संवाद।
देहरी को आती नहीं, अब आँगन की याद।।

आस-पास फैले हुए, अपनों के षड्यंत्र।
आज निरर्थक हो रहे, वशीकरण के मंत्र।।

सुबक रही है चाँदनी, सुबक रहा है चाँद।
जबसे अँधियारा गया, सूरज का घर फाँद।।

आज सभी को चाहिए, अपना-अपना मंच।
इसीलिए तो पिट रहा, घर-घर का सरपंच।।

जिसके नयनों में पली, हर धड़कन की पीर।
झेल वही पाया यहाँ, वक्षस्थल पर तीर।।

जो सीमा इस पार है, वो सीमा उस पार।
तुमने समझा ही नहीं, सीमा का आधार।।

दृष्टिहीन हर आँख है, दिशाहीन हर पाँव।
ऐसे में कैसे मिले, सबको शीतल छाँव।।

शिशुपाल 'मधुकर'

मूल नाम : शिशुपाल सिंह राजपूत।

जन्मतिथि : 21.01.1958 (ग्राम लोदीपुर मिलक, ज़िला बिजनौर, उ.प्र.)

शिक्षा : बी.एस-सी., बी.एड.

लेखन विधाएँ : कविता एवं कहानी

प्रकाशन : काव्य-संग्रह- 'अभिलाषा के पंख' और 'अजनबी चेहरों के बीच'।

संप्रति : भारत संचार निगम लि. में अधिकारी।

संपर्क : सी-101, हनुमाननगर, लाइनपार, मुरादाबाद (उ.प्र.)-244 001

दूरभाष : 0591-2480011; **मोबाइल :** 94122-37422

गया शहर से लौटकर, जब मैं अपने गाँव।
चौपालें सूनी मिलीं, ग़ायब पीपल छाँव।।

गाँव-गाँव को लग गया, अजब शहर का रोग।
बदल रहे संबंध सब, बदल रहे हैं लोग।।

पहले मन थे बँट गये, फिर आँगन-घर-द्वार।
बचपन की यादें बँटीं, बँटा दिलों का प्यार।।

जब तक इस संसार में, है पैसे का राज।
तब तक बन सकता नहीं, सुंदर सभ्य समाज।।

रोना-धोना छोड़कर, हो जाओ तैयार।
सुनो मित्र मिलता नहीं, बिन छीने अधिकार।।

सच्चा साबित कर रहे, खुद को झूठे लोग।
बतलाते उपवास है, खाकर छप्पन भोग।।

पैसा ही भाई हुआ, पैसा माई-बाप।
सोते जगते कर रहे, सब पैसे का जाप।।

धन परिभाषित कर रहा, अब जीवन के ढंग।
फीके सारे हो गये, नैतिकता के रंग।।

कैसी यह उन्नति हुई, कैसा हुआ विकास।
धन-दौलत खिंचती गई, कुछ लोगों के पास।।

सब बँटवारे झूठ हैं, सारे मानव एक।
कहता है विज्ञान भी, कहते संत अनेक।।

सारे सुर विकृत हुए, दूषित सारे राग।
मानवता को डस रहा, पूँजीवादी नाग।।

होंठों पर आता नहीं, उसके मीठा राग।
जिसके मन में हो लगी, घृणा-द्वेष की आग।।

कामगार भूखे मरें, मस्ती करें दलाल।
समय चल रहा देख लो, कैसी उल्टी चाल।।

दिन पर दिन महँगे हुए, शिक्षा और इलाज।
सत्ता के दावे मगर, सफल हमारा राज।।

नीयत, मेहनत, लगन ही, होते नहीं उपाय।
सही दिशा भी चाहिए, पाने को अभिप्राय।।

दिया सभी को ज्ञान का, पुरखों ने उपहार।
फिर तो है अपराध ही, शिक्षा का व्यापार।।

शैलजा नरहरि

पूरा नाम : शैलबाला नरहरि
जन्मतिथि : 08.9.1948 (चंदौसी, उ.प्र.)।
शिक्षा : एम.ए. (हिंदी), बी.एड.।
लेखन-विधाएँ : ग़ज़ल, दोहे आदि।
प्रकाशन : स्तरीय साहित्यिक पत्र-पत्रिकाओं में रचनाएँ प्रकाशित।
संप्रति : हिंदी प्रवक्ता, आर.डी. नेशनल कालेज, बांद्रा, मुंबई-400 050.
संपर्क : श्रीपाल वन, 1सी/जी 10 खारोडी नाका, विरार (प.), ज़िला ठाणे (महाराष्ट्र)-401 303.

जोगी जी ने बाँट दी, चुटकी-चुटकी राख।
आँगन में सूखी मिली, तुलसा जी की शाख।।

बौने लोगों को मिले, कितने लंबे हाथ।
हाँ में हाँ करते मिले, मुखिया जी के साथ।।

मुट्‌ठी में बाँधे रहो, अपने सभी उसूल।
ये तुमको अनुकूल हैं, औरों को प्रतिकूल।।

बड़ा तुझे बनना अगर, मन का कर विस्तार।
पुस्तक का कर आचरण, मत बन तू अख़बार।।

चौखट की वे मिन्नतें, आँगन का वह क्रोध।
याद बहुत हैं आ रहे, जिनका किया विरोध।।

पत्थर को काया सघन, मिट्‌टी को कुछ लोच।
मिलना था जो मिल गया, तू कुछ भी मत सोच।।

क्या सुनना, क्या बोलना, कही-सुनी हर बात।
जिसके घर गहरा कुआँ, उसके घर बरसात।।

बादल पकड़े आइना, बिजली देखे रूप।
है मौसम बरसात का, कैसे निकले धूप।।

मन के हर अपराध का, तन भोगे परिणाम।
बेमन जीवनभर जिये, उनको करो प्रणाम।।

चार घड़ी की ज़िंदगी, पल दो पल की बात।
कच्चा धागा मौत का, कात रहे दिन-रात।।

सूरज करने खुदकुशी, सागर तट पर जाय।
रोज़-रोज़ की मौत का, मातम कौन मनाय।।

भूला वो वादे सभी, विफल हो गया मेल।
लिपट-लिपटकर पेड़ से, कितना रोई बेल।।

गंगाजल का आचमन, तुलसी का परसाद।
भोली थी वो आस्था, अब कितने प्रतिवाद।।

अम्मा का आँचल गया, गई पिता की छाँव।
तूने मुझसे ज़िंदगी, छीना मेरा गाँव।।

दुखती रग पर आज फिर, तुमने रक्खा हाथ।
क्यों रह-रहकर पूछते, कैसे छूटा साथ।।

सब हैं ऊँचे ढेर पर, चारों ओर ढलान।
आने वालों के लिए, बनवा रहे मकान।।

श्रीकृष्ण द्विवेदी 'द्विजेश'

जन्मतिथि : 01.12.1964 (ग्राम समाधा, उन्नाव, उ.प्र.)
शिक्षा : एम.एस-सी. (गणित), एल.टी., एम.ए. (दर्शनशास्त्र)
लेखन-विधाएँ : छंद, गीत, दोहा, कहानी, ललित निबंध।
प्रकाशन : विभिन्न पत्र-पत्रिकाओं में रचनाएँ प्रकाशित।
सम्मान : अ.भा. अगीत परिषद, अ.भा. वैचारिक क्रांतिमंच, बिसारिया शिक्षा सेवा समिति लखनऊ द्वारा सम्मानित।
संप्रति : अध्यापन।
संपर्क : ई-4031, सेक्टर-12, राजाजीपुरम्, निकट न्यू टैंपो स्टैंड, लखनऊ (उ.प्र.)।
मोबाइल : 98386-23124.

सपनों में पाले हुए, रोटी की उम्मीद।
लेटी है फुटपाथ पर, थकन भरी उम्मीद।।

गाँवों ने जबसे लिया, शहरी चोला लाद।
हुए वक़्त की क़ैद में, पनघट के संवाद।।

शहर बसा बेटा लगा भरने नई उड़ान।
घर आये माँ-बाप को, बता रहा मेह्मान।।

वह अनुमोदित लेखनी, कितनी लगी समर्थ।
बसी शब्द के गाँव में, ढूँढ़ रही है अर्थ।।

ओह्दे के अनुरूप वे, कितने हैं शालीन।
पड़ी फ़र्श पर बोलती, साहब की कालीन।।

आयी दूर-दराज़ से, लिए साथ संत्रास।
सिंधु ठगा-सा रह गया, देख नदी की प्यास।।

सूत्र 'तथागत' के जहाँ, दर-दर लिखे विशेष।
फिर भी भटका राह से, यह गाँधी का देश।।

पनघट को वीरान कर, छोड़ निमहरी छाँव।
खुली सड़क पर आ गया, आज समूचा गाँव।।

झुलसा देख मयंक मुख, और रेत की प्यास।
अपने वैभव पर हुआ, सूरज को विश्वास।।

बिछुड़ी गलियाँ गाँव की, करा गईं कुछ बोध।
लगी दुपहरी शीत की, जैसे माँ की गोद।।

शहरी होते गाँव का, अद्भुत हुआ स्वरूप।
गमलेभर मिट्टी मिली, बस खिड़कीभर धूप।।

पढ़ा हुआ अख़बार सब, रखते सहज सहेज।
पर बूढ़े माँ-बाप को, आश्रम देते भेज।।

नींद न आकर कर सकी, नयनों से दो बैन।
प्रहरी बन बैठी रहीं, सुधियाँ सारी रैन।।

भले अभावों से लिया, घर-परिवार उबार।
पर माँ के हिस्से गया, आँसू-धुआँ-बुख़ार।।

पगडंडी का अब कहीं, मिले न मौलिक रूप।
दिखे दूबिया राह पर, आग बीनती धूप।।

मर्म मौन का खोलते, सहज बिछोही नैन।
पुख़्ता जिसको कर रहे, रुँधे कंठ के बैन।।

श्रीकृष्ण शर्मा

जन्मतिथि : 17.10.1933 (आगरा, उत्तर प्रदेश)

शिक्षा : एम.ए., बी.एड.

प्रकाशन : 1. अक्षरों के सेतु (कविता-संग्रह), 2. फागुन के हस्ताक्षर व 3. बोल मेरे मौन (गीत-संग्रह), 4. एक नदी कोलाहल (नवगीत-संग्रह), 5. मेरी छोटी आँजुरी (दोहा-सतसई) प्रकाशित।

विशेष : तेलुगु, बाँग्ला, मैथिली की कविताओं का हिन्दी काव्य-रूपांतर। वार्षिक पत्रिका 'चेतना' का छः वर्षों तक संपादन।

संप्रति : प्राचार्य पद से सेवानिवृत्त होकर साहित्य-साधना।

संपर्क : 'विद्या भवन' सुकरी चर्च के पास, जुन्नारदेव, छिंदवाड़ा-480 551 (म.प्र.)

दूरभाष : 07160-230853, **मोबाइल :** 99775-64868

आम आदमी की पहुँच, जिस तक थी दुश्वार।
डूब गयी अँधियार में, वह ऊँची मीनार।।

उत्तर देगा कौन अब, प्रश्न खड़े बेहाल।
विक्रम नेता बन गया, टँगे ठगे वेताल।।

सुख ने रेखा खींच दी, गये न उसके पार।
किंतु दुखों का हर कहीं, हुआ ख़ूब विस्तार।।

चेह्रे पर अंकित रहा, उसके गहन तनाव।
आरक्षण का था लगा, उसको गहरा घाव।।

जो अपनों में पुज रहे, बन करके दरवेश।
अपनी भाषा सीखने, जाते वे परदेश।।

गली-मुहल्ले में रहे, जो कि कभी बदनाम।
नैतिकता के वास्ते, उनको मिला इनाम।।

हाड़-माँस-भर ही नहीं, होता है इंसान।
जैसे गारा-ईंट को, कहते नहीं मकान।।

बूँदों के सँग उठ रही, सौंधी-सौंधी गंध।
धरती अब रचने लगी, हरियाली के छंद।।

सहते मन की ही नहीं, तन की भी हम मार।
एक पेट ने कर दिया, हमें बहुत लाचार।।

ज़हर भरा जब ज़ेह्न में, हुआ ढोर इंसान।
दंगों में जलकर हुई, बस्ती सब वीरान।।

किसी तरह जिसने सिमट-सिकुड़ बचायी लाज।
सब मर्यादा तोड़ वह, नदी बह रही आज।।

नहीं तिमिर में सूझता, जबकि हाथ को हाथ।
एक अकेली किरन ही, तब देती है साथ।।

सेवक, तस्कर, माफ़िया, व्यापारी, श्रीमंत।
सभी एक ही व्यक्ति में आज हुए जीवंत।।

मर्यादा के आज सब टूट रहे तटबंध।
आती है इंसान में, जानवरों की गंध।।

एक दर्द आँसू बना, एक दर्द संगीत।
एक दर्द कसका सदा, बनकर मन का मीत।।

आँखों से मजबूर हम, साथ न देते हाथ।
फिर भी खेले जा रहे, हम शकुनी के साथ।।

श्रीनिवास चतुर्वेदी

जन्मतिथि : 18.11.1937 (ग्राम गुणउर, ज़िला ग़ाज़ीपुर)
शिक्षा : इंटरमीडिएट
प्रकाशन : 1. सम्बलशेष (श्रीहनुमान भक्ति काव्य), 2. एक अंजुरी धूप (गीत-संग्रह), 3. चिदानंद-अभिज्ञान (ध्यानयोग-दर्शन पर खंडकाव्य), दिगायाम (स्फुट गीतों-कविताओं का संकलन)
सम्मान/पुरस्कार : अनेक प्रतिष्ठित संस्थाओं द्वारा सम्मानित एवं पुरस्कृत।
संप्रति : उ.रे. बरेली से पार्सल पर्यवेक्षक पद से सेवानिवृत्ति के बाद निरंतर काव्य लेखन।
संपर्क : 1485-ए, लीलानिवास, अवधपुरी, सुभाषनगर, बरेली-243 001.
दूरभाष : 0581-2432129, **मोबाइल** : 94570-86927

रस भीगी अनुरागिनी, चुंबन रही उछाल।
पुनरागमन विचारती, सिहर रहे दिक्काल।।

प्रणयदीप्त अरुणिम अधर, पाटल-से सुकुमार।
नयनों में ब्रीड़ा तनिक, वाणी में झंकार।।

ऐसा क्या खुलने लगा, मन हो गया अजीत।
ऐसा क्या जो कर रहा, अपनों से भयभीत।।

एक अनिर्वचनीय सुख, सृजता मन बेचैन।
उर-सरसिज सँग निरखता, षोडश-वर्षी नैन।।

भीगी-भीगी कंचुकी, तृषा-तृप्ति-रस-स्नात।
श्रम-सीकर आनंद-सुख, पुलकित मलयज-गात।।

हेम-कुंभ युग उर धरे, पग-गति सद्रुत-विलंब।
कामायनी चली कहाँ, कटितट लिये नितंब।।

खुली दुकानें बेचतीं, नंगी-नंगी देह।
अंतर्मन में उड़ रही, देश-देश की रेह।।

नीराजन की ज्योति-सी, दीपित कंचन देह।
अगरुगंध तन से उड़ी, सुरभित स्वर्णिम गेह।।

लौह करों से भाल पर, लिखता है आलेख।
क्रूर काल निर्मम महा, जाने मीन न मेख।।

राह रोक कर है खड़ी, रोटी की दीवार।
आकांक्षाएँ हैं विकल, जाने को उस पार।।

राजनीति के दण्ड से, छूट रहे जो तीर।
घायल होते जा रहे, प्रजातंत्र के वीर।।

आमों को देने लगे, आज्ञा आज बबूल।
उपजाने होंगे तुम्हें, मंजरियों में शूल।।

नहीं ज़रूरत देश को, पढ़े-लिखों की आज।
संभव हो तो खोलिए, 'कालिज-तिकड़मबाज़'।।

प्रजा हमारे देश की, कुछ ऐसी निरुपाय।
केवल जाने कोसना, जैसे बूढ़ी गाय।।

सबको निज मन की व्यथा, कहने का अधिकार।
संविधान के पृष्ठ की, शोभा हित स्वीकार।।

बड़ा कठिन है जीतना, जीवन का संग्राम।
भाँति-भाँति के युद्ध हैं, भाँति-भाँति के दाम।।

श्रीपाल दुबे 'सरस' ज्योतिर्विद

जन्मतिथि : 15.6.1942
शिक्षा : स्नातक
प्रकाशन : विभिन्न पत्र-पत्रिकाओं में रचनाएँ प्रकाशित
सम्मान : विभिन्न संस्थाओं द्वारा सम्मानित।
संप्रति : ज्योतिष कार्य
संपर्क : द्वारा श्री दिनेश कुमार पाण्डेय, मकान नं. 218, मोहल्ला चौधरी (रानी की बग़िया), गुलाबनगर, बरेली
मोबाइल : 93597-77836, 93591-11326

मनमानी करने लगे, उन्मादी शैतान।
मानवता को रौंदते, ये कैसे भगवान।।

एक और अब लिख गया, जग काला अध्याय।
ताक़त के बल पर 'सरस', नर करता अन्याय।।

प्रतिबंधों को तोड़कर, अपयश रहा कमाय।
मानवता को मारकर, क्यों करता अन्याय।।

अम्बर से अंगार की, करो बंद बरसात।
लपटों में जल जायगी, सारी मानव जात।।

अहंकार जिस पर चढ़ा, ताने तीर- कमान।
मार न पाया आज तक, भीतर के शैतान।।

सारे सपने एक दिन, 'सरस' अधूरे छोड़।
उड़ जाएँगे प्राण भी, तन पिंजरे को तोड़।।

मर्यादा की भीत को, हिला रहे बलवान।
ताल ठोंक कूदे समर, तथाकथित भगवान।।

रीति-नीति-सिद्धांत पर, धरे न कोई कान।
अपनी धरती छोड़कर, 'सरस' चाहता मान।।

उल्टी गंगा बह रही, 'सरस' हमारे देश।
वेष बदलकर घुस गए, अपने घर दरवेश।।

पश्चिम की आँधी 'सरस', कचरा रही बिखेर।
हम बैठे बारूद पर, चमक-दमक के ढेर।।

राजनीति की गंदगी, बनी 'सरस' अभिशाप।
नोंच-नोंचकर खा रहे, करते उल्टा जाप।।

कलुष भरा इस देह में, कलुषित मन आगार।
कपटपूर्ण आचरण से, दुखित 'सरस' संसार।।

कलुषित है वातावरण, कलुषित मनुज विचार।
आग लगी है स्वार्थ की, सुलग रहा संसार।।

युवावर्ग इस देश का, 'सरस' आज लाचार।
बेकारी बढ़ती गई, सुरसा मुख अनुसार।।

पराधीनता के 'सरस', जितने यहाँ निशान।
सभी हटाओ देश से, इसमें ही कल्यान।।

सबल बनो संसार में, तभी मिलेगा मान।
निर्बल को सब ताड़ते, गज को दें सम्मान।।

सतीश 'फ़िगार'

मूल नाम : सतीश कुमार गुप्ता
जन्मतिथि : 25.01.1941 (मुरादाबाद)।
शिक्षा : एम.ए., एल-एल.बी.
लेखन विधाएँ : ग़ज़ल, गीत, दोहे, मुक्तक आदि।
प्रकाशन : फ़िक्रे-जमील, ख़्वाबे-परेशाँ, अक्से-जमाल, कौसरे-मिदहत।
सम्मान : विभिन्न संस्थाओं द्वारा सम्मानित।
संप्रति : अधिवक्ता।
संपर्क : 274, सेक्टर-2, आवास विकास कालोनी, बुद्धिविहार, दिल्ली रोड, मुरादाबाद (उ.प्र.)।
दूरभाष : 0591-6454723.

आये दिन बरसात के, घन बरसें चहुँओर।
कोयल साधे मौन है, दादुर करते शोर।।

संकट में संतोष रख, मन को बना कठोर।
है हर काली रात की, निश्चित स्वर्णिम भोर ।।

हिंसा-विष मत पान कर, मत बन आदमख़ोर।
हे मन अमरित प्रेम का, दोनों हाथ बटोर।।

कंचन, काया, कामना, हैं ये ऐसी डोर।
बेशक इस संसार में, जिनका ओर न छोर।।

बलिहारी है वक़्त की, देख वक़्त की ओर।
निर्बल को करदे सबल, सबल करे कमज़ोर।।

कुढ़ने वाले जल मरें, लाख मचायें शोर।
सच यह है मरते नहीं, कौए कोसे ढोर।।

तेरे मुख की चाँदनी, छिटक रही चहुँओर।
देख तुझे मनवा हुआ, मेरा भाव-विभोर।।

दोनों का सम्बन्ध है, जैसे चन्द्र-चकोर।
प्रिये निहारूँ मैं तुझे, तू लख मेरी ओर।।

उसने पलभर के लिये, देखा मेरी ओर।
रोम-रोम पुलकित हुआ, नाच उठा मन मोर।।

मुझसे रहकर दूर तू, पाप करे मत घोर।
अपने मन की बाँध ले, मेरे मन से डोर।।

तन से, मन से, कर्म से, मैं हू तेरी ओर।
माना तू उस छोर है, मैं बैठा इस छोर।।

मुझसे सब कुछ कह गई, हृदय दिया झकझोर।
उस कजरारी आँख की, भीगी-भीगी कोर।।

दो दिन की है ज़िंदगी, दो दिन का है संग।
सारे शिकवे भूलकर, खेल प्यार का रंग।।

चौपालों पर बज रहे, ताशे, ढोल, मृदंग।
छाया है चारों तरफ़, मादक-फागुन-रंग।।

परदुख-कातरता प्रिये, मानव की है शान।
जो संवेदनहीन हैं, वे हैं मृतक समान।।

निष्कंटक जो पथ करे, वह है बड़ा सुजान।
उसका करना चाहिये, हम सबको सम्मान।।

डॉ. सत्यनारायण त्रिपाठी

जन्मतिथि : 27.10.1927 (ग्राम कोठा (सरया) गोरखपुर)
शिक्षा : एम.ए. (हिंदी), पी-एच.डी., डी.लिट.
प्रकाशन : 1. हिंदी भाषा और लिपि का ऐतिहासिक विकास, 2. केशवदास की भाषा, 3. हिंदी रीतिबद्ध काव्यभाषा में क्रिया-संरचना, 4. एक पाँव पर गाँव (ग़ज़ल-संकलन), 5. शिखरों के सागर (ग़ज़ल-संकलन)।
सम्मान : विभिन्न संस्थाओं द्वारा सम्मानित।
संप्रति : गोरखपुर वि.वि. में हिंदी विभागाध्यक्ष पद से सेवानिवृत्ति के बाद स्वतंत्र लेखन।
विशेष : अ.भा. हिंदी सेवी संस्थान इलाहाबाद द्वारा साहित्य-शिरोमणि की मानद उपाधि।
संपर्क : नवलायन, बेतियाहाता, गोरखपुर।
दूरभाष : 0551-2335585, **मोबाइल** : 98398-66032

मन-पंछी उड़ता रहा, मिली न कोई डाल।
कब से उसकी ताक में, फैला माया-जाल।।

मन का दीप जला नहीं, कटा न तम का जाल।
फिर कैसी दीपावली, कैसा उत्सव-काल।।

तीज गई, कजरी गई, गए सभी त्योहार।
ख़ाली है अब तो बची, महँगाई की मार।।

चंदन के इस देश में, है साँपों का वास।
मुँह खोले सब पी रहे, सारी मधुर सुवास।।

डूबा सूरज शाम का, उगता रोज़ प्रभात।
कभी ज्योति तो तम कभी, समय-समय की बात।।

सोने का है मन मिला, चाँदी का संसार।
हीरे-सा व्यवहार तो, जीवन सदाबहार।।

दुख जीवन की आह है, सुख जीवन की चाह।
दुख-सुख दोनों से परे, है जीवन की राह।।

एक तमन्ना है यही, सबके मन में आज।
फिर से हो संसार में, अम्न-चैन का राज।।

दिल के मंदिर अनगिनत, कभी न करता वास।
इनको क्यों तू छोड़कर, बसता है कैलास।।

भारत की तहज़ीब है, पुरखों की पहचान।
सदियों से है बोलता, हिंदी हिंदुस्तान।।

अमृत पीकर कर रहे, जो विष की बौछार।
चारों ओर मची हुई, अब उनकी जयकार।।

साहस नर की शक्ति है, पौरुष का प्रतिमान।
साहस है सबसे बड़ी, वीरों की पहचान।।

एक अजायब-घर लगे, अचरज भरा जहान।
छोड़ खुला है सो रहा, मालिक चादर तान।।

आए दिन होता रहा, दोषों का परिहार।
पर अब भी सुधरा नहीं, जग का कटुव्यवहार।।

मन है कैसा बावरा, सुनता लाखों बोल।
पर दिखलाता है नहीं, अपना अंतः खोल।।

बाँध नहीं तो बाढ़ थी, बाढ़ नहीं तो बाँध।
बिरवे सूखे छाँह में, रही धाँध की धाँध।।

सिब्बन बैजी

पूरा नाम : सी.बी. सिंह 'सिब्बन'

जन्मतिथि : 10.10.1945 (अलीगढ़, उ.प्र.)

लेखन-विधाएँ : ग़ज़ल, दोहे आदि।

प्रकाशन : आग उगलने की ज़िद (ग़ज़ल-संग्रह)

संप्रति : डाकतार विभाग से सन् 2005 में सेवानिवृत्ति के पश्चात अब स्वतंत्र लेखन।

संपर्क : 309/बी, अरुणोदय अपार्टमेंट, अश्विनी अस्पताल के ऊपर, गोडदेव नाका, भाईंदर (पूर्व), मुंबई-401 105.

मोबाइल : 99670-03252

आख़िर क्यों मानूँ भला, क़िस्मत से मैं हार।
जब तक मेरे हाथ है, मेह्नत की तलवार।।

बेशक तू आकाश पर, जमकर हल्ला बोल।
पहले अपने हाथ के, पत्थर को तो तोल।।

ठोकर लगने पर न कर, पत्थर को बदनाम।
अंधी दौड़ों का यही, होता है अंजाम।।

इसीलिए चलता रहा, रस्ता अपने साथ।
हमने छोड़ा ही नहीं, कभी वक़्त का हाथ।।

चूल्हों का ऐसा बढ़ा, घर आँगन में शोर।
सुनकर अब आते नहीं, छत पर चाँद-चकोर।।

गुन संगत का उम्रभर, गाते रहे रहीम।
हुआ न मीठा आज तक, अमराई का नीम।।

जबसे पहनी बदन पर, खादी की ये खाल।
तबसे दुश्मन की चली, नहीं एक भी चाल।।

भिक्षा, क़र्ज़ा, दान का, जबसे बदला रूप।
अपनी गुदड़ी को मिली, सदा ठिठुरती धूप।।

अपने सँग होता रहा, यूँ ही रोज़-ब-रोज़।
सर अपना ढोता रहा, इसका-उसका बोझ।।

जिनकी ऊँची नाक है, चाकू-छुरी जुबान।
काट न पाए आज तक, दीवालों के कान।।

बरसों जो दिल में रहे, बनकर ख़ासम-ख़ास।
है उन सबका आजकल, आस्तीन में वास।।

हमको आया ही नहीं, कहना सेठ हुज़ूर।
इसीलिए तो सीढ़ियाँ, रहीं पाँव से दूर।।

आँखों से बाहर निकल, फिर विस्तार तलाश।
खिड़की से दिखता नहीं, सबका सब आकाश।।

हमने तो छेड़ी न थी, पाप-पुण्य की बात।
पंडित अपने दाँव पर, स्वयं खा गए मात।।

जबसे मेरे खेत का, चढ़ा करेला नीम।
खरबूजों को दे रहा, नई-नई तालीम।।

'सिब्बन' उस किरदार पर, कबहुँ न दीजे ध्यान।
जिसके लब पर अश्क हैं, आँखों में मुस्कान।।

डा. सुरेश प्रकाश शुक्ल

जन्मतिथि : 11.12.1953 (ग्राम शेखपुर अलीपुर, जनपद बाराबंकी)

शिक्षा : एम. काम., एल-एल.बी., पी-एच.डी.

प्रकाशन : उपन्यास, कहानी, हास्य-व्यंग्य, गीत-कविता व दोहा की 17 पुस्तकें प्रकाशित।

सम्मान/पुरस्कार : विभिन्न संस्थाओं द्वारा सम्मानित एवं पुरस्कृत।

संप्रति : रीडर, श्री जयनारायण पी.जी. कालेज, लखनऊ।

संपर्क : 'सरस्वती', 93 पवनपुरी, आलमबाग़, लखनऊ-05

दूरभाष : 0522-2453735; **मोबाइल** : 94527-41071

ईश्वर ने हमको दिया, संयम, बुद्धि, विवेक।
भेजा है इस धरा पर, करें प्रयोजन नेक।।

ईश्वर का आभार है, जिसने दी यह देह।
हो पायेगी सार्थक, करें सभी से नेह।।

करें भलाई जीव की, यही मनुज का धर्म।
रहें सदा सद्भाव में, समझें जीवन मर्म।।

परहित का संकल्प लें, आयें सबके काम।
मिट जायेगी देह यह, रह जायेगा नाम।।

ऊँच-नीच का भाव ही, लाता है अभिमान।
कारण बनता पतन का, जाने सकल जहान।।

हो सम्मान बुजुर्ग का, छोटों से हो प्यार।
लोक धर्म व्यवहार में, आता जाय निखार।।

कर्मठ लोगों के लिए, मुश्किल नहीं पड़ाव।
यदि सद्कर्मों से रहे, निष्ठापूर्ण जुड़ाव।।

भाग्य सँवरते कर्म से, बन जाते प्रारब्ध।
रहते सुख-दुख रूप में, जीवनभर उपलब्ध।।

मेहनत से ही प्राप्त हो, धन-वैभव, सम्मान।
श्रेष्ठ कर्म से ही मनुज, होते चतुर सुजान।।

माया तो ठगिनी बड़ी, फैलाये है जाल।
बड़े-बड़े फँसते गये, जीवन के जंजाल।।

रिश्ते-नाते, मित्रगण, सभी तलाशें स्वार्थ।
मतलब हल हो जाय तो, भूलें सब परमार्थ।।

दुष्टजनों के आचरण, काम, क्रोध, मद, लोभ।
धरती से जब हों विदा, हो न किसी को क्षोभ।।

दुर्जन क्या जाने भला, परमारथ की छाँव।
काँटे बोकर उजाड़े, सज्जनता का गाँव।।

हर संकट की घड़ी में, रखिए मन में धीर।
विपदाएँ आती नहीं, सहनशील के तीर।।

सहनशील करता नहीं, मिथ्या वाद-विवाद।
कभी न लाये मुसीबत, झगड़ा और फ़साद।।

सह लेने में भलाई, लड़ने में है क्लेश।
कभी न लायें खिन्नता, संतों के उपदेश।।

सूर्यदेव पाठक 'पराग'

जन्मतिथि : 23.7.1943 (बगौरा, सीवान, बिहार)

शिक्षा : एम.ए. (संस्कृत, हिंदी), आचार्य (द्वय), बी. एड., काव्यतीर्थ, साहित्यरत्न।

प्रकाशन : तीन गीत संग्रह, दो ग़ज़ल संग्रह, एक दोहा संग्रह, रुबाई संग्रह, मुक्तक संग्रह, हाइकु संग्रह तथा छः संपादित व एक संस्कृत में अनूदित संग्रह सहित कुल 21 कृतियाँ।

सम्मान/पुरस्कार : विभिन्न साहित्यिक समारोहों में अनेक पुरस्कार व सम्मानोपाधियाँ प्राप्त।

संप्रति : शिक्षण-सेवा से अवकाश प्राप्त कर साहित्य सेवा में सक्रिय।

संपर्क : 181, आवास-विकास कालोनी-1, शाहपुर, पो. गीता वाटिका, गोरखपुर (उ.प्र.)

मोबाइल : 94158-00729

ऋतुपति लेकर आ गया, फूलों का उपहार।
डाल-डाल करने लगी, अपना नव श्रृंगार।।

कलियों पर होने लगा, भौंरों का गुंजार।
लता-बल्लरी पर सजे, नव सुमनों के हार।।

अंग-अंग में बस गया, ऋतुपति-सखा अनंग।
प्रकृति-नटी मदमत्त हो, लगी जमाने रंग।।

दुश्शासन है खींचता, पांचाली का चीर।
गंगासुत श्री भीष्म का, बिंधता हाय शरीर।।

वृक्षों की पूजा भली, ये हैं श्रेष्ठ महान।
फूल-फलों से, छाँव से, देते हैं प्रतिदान।।

मानव हटता जा रहा, नित्य प्रकृति से दूर।
जीवन की नौका हुई, भँवर बीच मजबूर।।

आम्र-पत्र, दूर्बा बिना, कैसे हों शुभ कर्म।
पीपल-कदली-नीम का, सहचर हिंदू धर्म।।

गाँधी के इस देश में, हिंसा का है ज़ोर।
खुलेआम हैं घूमते, कामी-लंपट-चोर।।

तुम बैठे धनपति हुए, मैं खटकर कंगाल।
आज ज़माना पूछता, जलता हुआ सवाल।।

दूध बिना रोता रहा, रधिया का नवजात।
तेरा टॉमी कार में, करे हवा से बात।।

घर-घर में चलने लगा, आज वणिक व्यापार।
रिश्ते का होने लगा, अब पैसा आधार।।

एम.ए., पी-एच.डी. हुए, हुईं डिग्रियाँ भार।
बैठे-बैठे झेलते, बेकारी की मार।।

बच्चों को देने लगे, आयातित संस्कार।
कैसे हो सेवाव्रती, बेटा श्रवण कुमार।।

मुनि ने अनुभव कर लिया, क्रौंच-युगल का दर्द।
आज लेखनी हो गई, क्यों कवियों की सर्द।।

कवि के यदि आदर्श हों, फक्कड़ संत कबीर।
संप्रदाय-विष में बुझे चलें न जग में तीर।।

बच्चे भी लगने लगे, टी.वी. देख जवान।
उनकी हरकत देखकर, घरभर है हैरान।।

डा. हरिशंकर पाण्डेय

जन्मतिथि : 11.10.1953 (देवरिया, उ.प्र.)

शिक्षा : पी-एच.डी. (प्राणीविज्ञान)

लेखन-विधाएँ : छंद, गीत, ग़ज़ल, मुक्तक, दोहा, चौपाइयाँ।

प्रकाशन पथ पर : आरण्यिका, गीताम्बुधि, प्रज्ञांजलि, दोहांजलि, शब्द-सुमन।

संप्रति : सहायक निदेशक, विकास विभाग उ.प्र.

संपर्क : रामनगर, पो. बिगवाड़ा, ज़िला ऊधमसिंह नगर (उत्तराखंड)-263 153.

मोबाइल : 94512-08678

धीमर पानी में खड़ा, रोज़ डालता जाल।
नन्हीं मछली छोड़ के, लेता बड़ी निकाल।।

चींटी के हैं पर उगे, उड़ने का अरमान।
समझ लीजिए हो गया, जीवन का अवसान।।

ज़हरीले इंसान का, सुनकर मीठा राग।
ख़ैर मनाता जान की, लंबा काला नाग।।

आने वाले पल सभी, पल में जाते बीत।
वर्तमान की गोद में, बैठा रहा अतीत।।

नैहर नाता नेह का, होता है निःशेष।
चल रे मन उस पार तू, पिया मिलन के देश।।

कोठे के स्वर हो गए, पूजा और नमाज़।
पंडित-मुल्ला झूमते, सुन साक़ी आवाज़।।

अपनेपन ने दे दिए, ऐसे गहरे घाव।
बहुत सगे लगने लगे, अब छल-छद्म-दुराव।।

नदी हुई है बेवफ़ा, कर डाला हैरान।
धैर्य त्यागता है नहीं, सागर किंतु महान।।

इंद्रधनुष, रंगीन-सी झिलमिल करती शाम।
लिख डाला मैंने इसे, आज तुम्हारे नाम।।

कल ऊँची नज़रें किए, घूर रहे जो लोग।
उन्हें मोतियाबिंद का आज हुआ है रोग।।

मानसून की मार से, फ़स्ल हुई बेचैन।
सूने-सूने से हुए, धरा-पुत्र के नैन।।

फड़फड़ करती जा रही, डोर-विहीन पतंग।
पंखहीन सिखला रहे, अब उड़ने का ढंग।।

काँटे ही करते रहे, सावधान दिन-रात।
तभी सुरक्षा-तंत्र की बन पाई है बात।।

नहीं अमरता पा सकी, अविरल सुर-संगीत।
यह कैसा अमृत पिया, मिली मौत को जीत।।

आँख सलोनी पंखुड़ी, सुंदर छवि को देख।
कलाकार लिखता रहा, मन ही मन आलेख।।

पिंजर भीतर पींजरा, दोनों हैं अनमोल।
बोलन वाला जा उड़ा, सब माटी के मोल।।

हरिशंकर सक्सेना

जन्मतिथि : 07.7.1948 (ग्राम मितरोली, तहसील बिसौली, ज़िला बदायूँ)

प्रकाशन : 1. अँधेरे की पर्तें (कहानी-संग्रह)-1985
2. दिन हुए धृतराष्ट्र (नवगीत-संग्रह)-2005

सम्मान/पुरस्कार : पं. राधेश्याम कथावाचक साहित्य पुरस्कार, स्व. चन्द्रप्रकाश आर्य कमलसन्देश साहित्य पुरस्कार, रोटरी क्लब ऑफ़ बरेली सेंट्रल द्वारा वोकेशनल अवार्ड, जैमिनी अकादमी (पानीपत) आदि विभिन्न संस्थाओं द्वारा सम्मानित व पुरस्कृत।

संप्रति : सेवानिवृत्त प्रवक्ता (हिन्दी)

संपर्क : 145, कर्मचारीनगर, तीसरी गली, बरेली-243 122.
दूरभाष : 0581-2320556; **मोबाइल** : 97607-83993

आँगन में उगने लगी, जबसे खरपतवार।
बीहड़ हस्तक्षेप की, घटनाएँ भरमार।।

हवा विषैली हो गई, पेड़ों पर पतझार।
पगडंडी काँटों भरी, विचरण है दुश्वार।।

रात अराजकता मिली, दिन में भ्रष्टाचार।
लोकतंत्र में हो रही, इनकी जय-जयकार।।

लज्जा की हत्या हुई, श्रद्धा लहूलुहान।
सदाचार है लापता, बंदी है ईमान।।

रिश्तों ने हँसकर दिए, दिल पर इतने घाव।
खुशियाँ पत्थर हो गयीं, क्षीण हुआ सद्भाव।।

क़ैद जिन्होंने कर लिया, खुशियों का आलोक।
उनके सर ही जायेगा, हर निर्धन का शोक।।

काल-चक्र बलवान है, भाग्य-चक्र गतिमान।
पीड़ा देकर अन्य को, खुश होता नादान।।

मोह-पाश अवरोध है, प्रेम-पाश उल्लास।
दम्भ दमन का दास है, क्रोध काल का ग्रास।।

पक्षपात के पक्षधर, चाटुकार मक्कार।
पर-पीड़ा की चाह में, पथ में बोते ख़ार।।

नीति-विशारद कह गये, खोटी जग की रीत।
जैसा स्वारथ देखता, करता वैसी प्रीत।।

सबके हित की कामना, करते जो दिन-रात।
कौन सोचता है यहाँ, उनके हित की बात।।

भारत-भू के 'स्वर्ग' की, माटी लहूलुहान।
बारूदी परिवेश में, डूबा हिंदुस्तान।।

धरती बंजर कर रहे, सत्ता के पाषाण।
हरियाली की पौध के, सूख रहे हैं प्राण।।

जीवन में सद्भाव से, मिलता सुख-सम्मान।
जिनके मन नफ़रत बसे, वे हैं निपट अजान।।

मिले हमें उपकार के, बदले में अपकार।
सब स्वारथ के मीत हैं, धोखे का संसार।।

अद्भुत पारस की तरह, सदाचार अनमोल।
दंभ, क्रोध, छल छोड़कर, मीठी बोली बोल।।

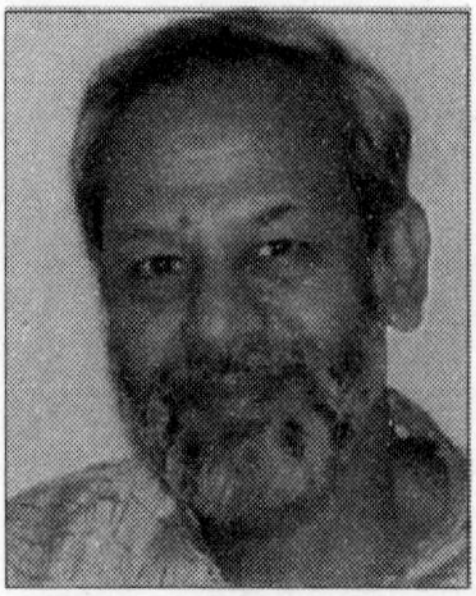

हरेराम समीप

पूरा नाम : हरेराम नेमा 'समीप'।

जन्मतिथि : 13.8.1951 (ग्राम मेख, नरसिंहपुर, म.प्र.)।

शिक्षा : परा. वाणिज्य एवं विधि, साहि. रत्न, उर्दू डिप्लोमा।

लेखन-विधाएँ : ग़ज़ल, गीत, कविता, दोहे आदि।

प्रकाशन : ग़ज़ल-संग्रह– हवा से भीगते हुए, आँधियों के दौर में, कुछ तो बोलो, किसे नहीं मालूम; **दोहा संग्रह**– जैसे, साथ चलेगा कौन; **कहानी संग्रह**– समय से पहले; **कविता-संग्रह**– मैं अयोध्या।

सम्मान : अनेक साहित्यिक संस्थाओं द्वारा पुरस्कृत एवं सम्मानित।

संप्रति : जवाहर लाल नेहरू स्मारक निधि, तीन मूर्ति भवन, नई दिल्ली में लेखा नियंत्रक।

संपर्क : 395, सेक्टर-8, फ़रीदाबाद-121 006.

दूरभाष : 0129-2305158; **मोबाइल :** 98716-91313

प्रश्नोत्तर चलते रहे, जीवन में चिरकाल।
मेरी विक्रम ज़िंदगी, वक़्त बना बेताल।।

गर्व करें किस पर यहाँ, किस पर करें विमर्श।
आधा है यह इंडिया, आधा भारतवर्ष।।

पानी ही पानी रहा, जिनके चारों ओर।
प्यास-प्यास चिल्ला रहे, वही लोग पुरज़ोर।।

आज़ादी के नाम पर, करने नये प्रयोग।
नई गुलामी की तरफ़, भाग रहे हैं लोग।।

क्यों रे दुखिया क्या तुझे, इतनी नहीं तमीज़।
मुखिया के घर आ गया, पहने नई कमीज़।

भूख, ग़रीबी की उसे, क्या होगी पहचान।
महलों में पैदा हुआ, हर युग का भगवान।।

पुलिस पकड़कर ले गई, सिर्फ़ उसी को साथ।
आग बुझाने में जले, जिसके दोनों हाथ।।

कल तक था जिस जगह पर, वैभव महल विशाल।
वहीं खुदाई में मिले, ढेरों नरकंकाल।।

ये आये या वो गये, सबने चूसा ख़ून।
कौन गड़रिया छोड़ता, किसी भेड़ पर ऊन।।

कैसे बदलेगा भला, इस उपवन का रूप।
बड़े-बड़े जब पेड़ ही, छेंक रहे हों धूप।।

दिन पर दिन बढ़ती गई, ये हिंसा की प्यास।
नेह-नदी होती गई, शंकित, शुष्क, उदास।।

बतलाता था स्वयं को, जो सबका भगवान।
कितनों को लेकर मरा, उसका एक बयान।।

देखो कैसा हो गया, जीवन आज विचित्र।
जिसके रहूँ ख़िलाफ़ मैं, कहूँ उसी को मित्र।।

यारो इस बाज़ार का, अब है यही यथार्थ।
रिश्ते पीछे रह गये, आगे निकला स्वार्थ।।

उस दुखिया माँ पर अरे, कुछ तो करता ग़ौर।
तुझे खिलाती जो रही, फूँक-फूँककर कौर।।

मरने पर उस व्यक्ति के, बस्ती करे विलाप।
पेड़ गिरा तब हो सकी, ऊँचाई की नाप।।

हस्तीमल हस्ती

जन्मतिथि : 11.3.1946 (आमेट ज़िला, राजसमंद, राजस्थान)

लेखन-विधाएँ : ग़ज़ल, दोहे आदि।

संप्रति : सृजनरत।

विशेष : 'काव्या' (त्रैमासिक) का संपादन। जगजीत सिंह एवं पंकज उधार द्वारा ग़ज़लों का गायन।

संपर्क : 28, कालिका निवास, नेहरू रोड, सांताक्रुज (पूर्व), मुंबई-400 055.

दूरभाष : 022-26124464; **मोबाइल** : 98205-90040

दुख छोटा हो या बड़ा, शाहों से मत बोल।
इनके अपने नाप हैं, इनके अपने तोल॥

जोगन हो या नर्तकी, पंडित हो या शेख़।
सबके हाथों में मिली, आँसू वाली रेख॥

रात-दिवस बढ़ते रहे, उन सबके खलिहान।
जिन-जिन की गहरी रही, मुखिया से पहचान॥

भीतर साँकल, चटखनी, बाहर वंदनवार।
दरवाज़ों की पीर को, किसने समझा यार॥

आँखों ने क़द से बड़ा, जबसे देखा ख़्वाब।
जीवन तबसे हो गया, पानी का सैलाब॥

मठ से मधुशाला तलक, एक सरीखे लोग।
कुछ के बाहर भोग हैं, कुछ के भीतर भोग॥

बेशक मुझको तौल तू, कहाँ मुझे इनकार।
पहले अपने बाट तो, जाँच-परख ले यार।।

धर्म-जाति की रार में, इंसाँ है बेहाल।
इनसे तो पंछी भले, बैठें एकहि डाल।।

राजा हो या रंक हो, बनिया हो कि फ़क़ीर।
नाव सभी को एक-सा, पहुँचाती है तीर।।

मज़हब की इस मुल्क में, इतनी बँटी अफ़ीम।
आम्रकुंज भी हो गये, धीरे-धीरे नीम।।

जीवन के मैदान में, चलते अनगिन खेल।
वो जीता जिसमें रहा, तन औ' मन का मेल।।

किससे पूछें रास्ता, किसका थामें हाथ।
रहबर भी अब हो लिए, राहज़नों के साथ।।

मोती कम होते गये, टूटे जितनी बार।
'हस्ती' तीनों एक-से, माला, जीवन, प्यार।।

जब तक तुझमें दर्द है, तब तक तेरे बोल।
महक उड़े रहता नहीं, किसी इत्र का मोल।।

हर सूरत यूँ आजकल, देने लगी फ़रेब।
ज्यों सुंदर पोशाक के, भीतर ख़ाली जेब।।

मिला सफलता का यही, 'हस्ती' जी को राज़।
बिन छेड़े बजता नहीं, जग का कोई साज़।।

हुल्लड़ मुरादाबादी

मूल नाम : सुशील कुमार चड्ढा

जन्मतिथि : 26.5.1944 (गुजरानवाला, वर्तमान पाकिस्तान)

शिक्षा : बी.ए.

प्रकाशन : हास्य कविता, दोहा और ग़ज़ल विधा पर डेढ़ दर्जन से अधिक पुस्तकें प्रकाशित।

सम्मान : विभिन्न राष्ट्रीय संस्थाओं द्वारा सम्मानित एवं पुरस्कृत।

संप्रति : काव्य-साधना।

विशेष : विभिन्न कंपनियों द्वारा आडियो कैसेट्स बनाई गईं तथा दो फ़िल्मों में अभिनय।

संपर्क : 'धीरज उपहार', 303ए विंग, डिंडोशी बस डिपो के पीछे, गोरेगाँव (पूर्व), मुंबई-400 097

दूरभाष : 022-28420252; **मोबाइल :** 98205-11452

कहा भाग्य ने कर्म से, रहो सुमति के साथ।
सौ हाथों से प्राप्त कर, बाँट हज़ारों हाथ।।

कवि की दुनिया अलग है, अलग स्वप्न संसार।
कवि के आँसू में छिपा, सागर एक अपार।।

हरि इच्छा बलवान है, मन चंचल नादान।
ठाकुर जी सब जानते, मानव है अनजान।।

वर्तमान की बात हो, या बीता व्यवहार।
चंचल मन की दवा है, केवल आत्म-विचार।।

दुनिया कैसे समझ ले, काव्य-कला के रंग।
महँगाई की बाढ़ से, हुआ आदमी तंग।।

तम को काहे कोसता, जला नेह के दीप।
मन सागर में छिपे हैं, कुछ मोती, कुछ सीप।।

साथ समय के चल मनुज, मत कर रे अभिमान।
वर्तमान ही सत्य है, है भविष्य अनजान।।

मूल्यवान सबसे समय और शब्द का अर्थ।
जिसने साधा सिर्फ़ धन, उसका जीवन व्यर्थ।।

इच्छाओं को कम करो, तब होगा कल्यान।
रम पाओगे तुम तभी, जल में हंस समान।।

जो ठोकर से वक़्त की, होता लहूलुहान।
वही पराई पीर को, लेता है पहचान।।

चंद खिलौनों से अगर, बहल गया इंसान।
चाँद-सितारे तब उसे, क्यों देगा भगवान।।

आत्म-ज्योति का सूर्य जब, उगता पहली बार।
भय शंका का तम स्वयं, खो देता आधार।।

घूम लिए संसार में, देखा हर परिवेश।
पूरी दुनिया में नहीं, भारत जैसा देश।।

हम चिंतित हैं मृत्यु पर, लेकिन नहीं हताश।
मुक्त हो गई आत्मा, पाकर नव आकाश।।

संसद तक में हो रहे, आतंकी विस्फोट।
दुश्मन देता जा रहा, हमें चोट पर चोट।।

जब तक हिंदी कर रही, भारत में फ़रियाद।
तब तक देश गुलाम है, नहीं हुआ आज़ाद।।